UNA GUÍA + UN CUADERNO DE CAMPO

ORQUÍDEAS SILVESTRES

Jean-Philippe Anglade y Franck Le Driant

LOS MOSAICOS DE LA NATURALEZA • 3

Lectio Ediciones

Título original: *Orchidées sauvages*
Autores: Jean-Philippe Anglade y Franck Le Driant
© Éditions Glénat 2015
Todos los derechos reservados

Primera edición: junio de 2025

Fotografías: Franck Le Driant

Ilustraciones: Lorenzo Dotti

Infografías: Murielle Dubois / Glénat

© de la edición:
9 Grupo Editorial
Lectio Ediciones
C/ Mallorca, 314, 1º 2ª B - 08037 Barcelona
Tel. 977 60 25 91 - 93 363 08 23
lectio@lectio.es
www.lectio.es

Asesoramiento: Xavier Salat Brunel

Impresión: Leitzaran Grafikak

ISBN: 978-84-18735-81-3

DL T 472-2025

PEFC Certificat

Aquest llibre
procedeix de boscos
gestionats de forma
sostenible i fonts
controlades

PEFC

PEFC/14-38-00338   www.pefc.es

SUMARIO

PRESENTACIÓN

Hay orquídeas por todas partes. En los centros de jardinería, lucen en grandes escaparates. Ya no son, como antes, aquellas flores misteriosas que una élite de horticultores importaba desde mundos lejanos y cultivaba con costes muy elevados. Hoy en día, populares y accesibles, las orquidáceas se imponen como las estrellas de las plantas de interior y las encontramos, con más o menos gusto, dentro de muchos pisos.

Pero ¿cuántos de nuestros ciudadanos saben que orquidácea no es necesariamente sinónimo de planta exótica? O que en la península ibérica existen más de cien especies que se encuentran en estado salvaje en nuestras llanuras, nuestras montañas, al igual que en los espacios verdes urbanos. Es cierto que estas orquídeas no tienen las flores enormes y extraordinariamente coloridas a las que los floristas nos han acostumbrado. Muchas no superan un palmo de altura y, a menudo, crecen escondidas entre la hierba de los taludes o a la sombra de los bosques. Aun así, cuando se les presta un poco de atención, resulta que estas modestas autóctonas no tienen nada que envidiar a sus primas tropicales, ni por su elegancia, ni por la delicadeza de sus colores, ni por la extrañeza de sus formas o la riqueza de las interacciones que establecen con los insectos, los hongos o las demás plantas.

Como introducción a este apasionante mundo de las orquídeas silvestres y como herramienta práctica para su clasificación, la guía que tenéis entre las manos os presenta cuarenta de estos pequeños tesoros de nuestra flora, elegidos entre los más extendidos o los más notables, desde el espectacular zapatito de dama hasta la fantasmagórica orquídea fantasma, pasando por la extravagante orquídea del lagarto.

Necesitaríamos otro volumen para evocar todas las demás, como la *Hammarbya paludosa*, y muchas *Ophrys*, como el espejo de Venus (*Ophrys speculum*), con flores de un azul mágico, la *Ophrys aveyronensis*, joya de los Grands Causses, o incluso la secreta *Ophrys philippi*, quizás la orquídea más discreta del mundo. A vosotros os toca descubrir estas rarezas en vuestras excursiones. Las orquídeas están por todas partes, en los bosques, en los prados, en la garriga, pero son bastante discretas. Así que abrid bien los ojos... ¡y que comience el hechizo!

Jean-Philippe Anglade

INTRODUCCIÓN

Un poco de clasificación

Las orquídeas, o orquidáceas (*Orchidaceae*), forman una de las familias más importantes de plantas con flores. Con más de veinte mil especies conocidas (cifra que algunos autores elevan hasta treinta mil), divididas en cerca de novecientos géneros, son un poco menos numerosas que las asteráceas, grupo que está formado por al menos veintitrés mil especies, y separadas a distancia de las fabáceas, que "únicamente" cuentan con diecinueve mil especies.

Esta gran familia se divide en seis subfamilias, de las cuales existen tres representadas en nuestra región: las *Cypripedioideae*, con los incomparables zapatitos de dama; las *Orchidoideae*, muy presentes aquí, especialmente en los géneros *Dactylorhiza*, *Ophrys*, *Serapias*, un centenar de especies en total, y, finalmente, la subfamilia de las *Epidendroideae*, que por sí sola tiene más especies que todas las demás subfamilias juntas, pero que en nuestra región únicamente está representada por una treintena de especies, especialmente los géneros *Cephalanthera* y *Epipactis*.

Según la clasificación actualmente aceptada, las orquídeas se incluyen dentro del orden de las asparagales, al que se adscriben muchas otras plantas que los jardineros conocen perfectamente, como los gladiolos, los iris, los narcisos y las campanillas de invierno. Todos estos vegetales son plantas monocotiledóneas, grupo que incluye los angiospermas (plantas con flores) que presentan una única hoja cuando germinan y comienzan a crecer.

Un poco de biología

En nuestras latitudes, solo hay orquídeas terrestres, que crecen sobre el suelo; sin embargo, en la zona intertropical, también pueden ser epífitas (que crecen utilizando las ramas o los troncos de los árboles u otras plantas como soporte) o litófilas (que crecen sobre rocas desnudas). Aunque algunas especies exóticas pueden presentar "tallos" de varios metros, la mayoría son, en cambio, de tamaño pequeño, incluso microscópicas, con flores que apenas superan los dos milímetros.

La gran mayoría de las orquídeas son plantas verdes, clorofílicas. Necesitan captar la luz del sol para realizar la fotosíntesis y sintetizar los azúcares que requieren para su desarrollo. Algunas especies, como el nido de pájaro (*Neottia nidus-avis*), desprovisto de hojas y de clorofila, han conseguido liberarse de esta necesidad, lo que les ha permitido colonizar medios sombríos. Esta emancipación de la fotosíntesis solo ha sido posible gracias a la presencia de hongos micorrizógenos, asociados a sus raíces y a las de los árboles circundantes, que les suministran sustancias orgánicas. Aunque no todas las orquídeas pueden calificarse de parásitas, los estrechos vínculos con el mundo de los hongos son una constante entre ellas. De hecho, sus semillas, minúsculas y sin reservas nutritivas, obligatoriamente deben estar "en conexión" con los hongos, de los que extraerán los nutrientes necesarios para su germinación.

Perennes, las orquídeas florecen generalmente varias veces a lo largo de su vida. Algunas especies pueden multiplicarse por vía vegetativa, a través de rizomas, estolones o bulbilos. Otra posibilidad, explorada especialmente por las orquídeas de montaña, consiste en la producción de semillas sin haber sido fecundadas previamente (apomixis). En cualquier caso, los individuos que nacen por estos procedimientos son clones, genéticamente idénticos a la planta madre.

Otras optan por una reproducción sexual, con fecundación, pero por sus propios medios, sin "compañero". Se trata de la autofecundación, o autogamia, que practica regularmente la *Ophrys apifera*, por ejemplo. Sin embargo, la mayoría de las especies emplean la reproducción sexual cruzada: la fecundación ocurre cuando el polen de una flor es transportado hasta el estigma de una flor de un individuo distinto. Para ello, la orquídea necesita un "ángel" que establezca el vínculo, normalmente un insecto. Y aquí es donde entran en juego una serie de estrategias sorprendentes...

Porque, si bien hay algunas especies, raras, que producen néctar y para las cuales el proceso es simple y claro —el insecto recoge el polen, lo lleva a otra flor y recibe en cada etapa una recompensa azucarada a modo de comisión—, otras han encontrado la manera de aprovecharse del trabajo del insecto sin darle nada a cambio. El engaño más común en este sentido es el señuelo nutritivo: la flor de la orquídea imita, mediante su forma, color u olor, la flor de una planta verdaderamente nutritiva. Este engaño es utilizado especialmente por las *Orchis* y las *Dactylorhiza*, y, de forma más indirecta, por algunas especies de *Epipactis*.

Las *Serapias*, con sus flores en forma de estuche, explotan el hábito de ciertas abejas silvestres de resguardarse en pequeñas cavidades para poner sus huevos o simplemente para descansar. En este caso, podríamos hablar del engaño del refugio. Finalmente, como la guinda del pastel, existe el engaño sexual utilizado por las *Ophrys* y las serapias: la flor de cada una de estas especies de orquídeas atrae al macho de una especie concreta (o de algunas especies cercanas) de abeja silvestre o avispa, fingiendo la apariencia, la pilosidad y el "perfume" de su hembra. El himenóptero macho es así engañado por esta falsa compañera e intenta copular con ella, de modo que acaba dispersando el polen en el proceso, y luego repite la misma operación con otra flor.

Incluso hay casos en los que un insecto es engañado dos veces. O, dicho de otro modo, en lugar de visitar a la flor que supuestamente imita a su pareja legítima, se equivoca por completo y acaba visitando a otra especie distinta que le está engañando. Así es como surgen algunos híbridos naturales, cuyo conocimiento se convierte en la gran atracción de las excursiones de las sociedades orquidológicas.

Protejamos a las orquídeas

Las regiones más generosas en especies de orquídeas son, lógicamente, aquellas que ofrecen una gran diversidad de medios abiertos naturales y seminaturales. Entre estos últimos, los prados de siega, los pastos extensivos y las terrazas de cultivos abandonados son hábitats muy ricos, pero también especialmente frágiles y vulnerables. Dado que dependen en gran medida del mantenimiento de una agricultura respetuosa con la biodiversidad, estos entornos están expuestos a numerosas amenazas: la intensificación de la presión agrícola o, por el contrario, el cierre de los espacios, la artificialización, la contaminación y el desarrollo urbano.

La atracción que ejercen algunas especies también puede despertar en ciertos excursionistas u otros amantes de la naturaleza el deseo de recolectarlas. Algunas especies —como el zapatito de dama, por ejemplo— sufrieron en el pasado un exceso de recolección, y otras, especialmente las más raras, siguen siendo el objetivo favorito de los coleccionistas. La lista roja de las orquídeas indica que una de cada seis especies está hoy en día amenazada de desaparición.

En cuanto a las medidas legales o administrativas, algunas especies están protegidas en todo el territorio autonómico correspondiente, otras a escala estatal, pero no existe ninguna normativa que proteja a la mayoría de ellas.

Por lo tanto, respetemos esta norma de conducta: no recojamos las orquídeas silvestres, no intentemos trasplantarlas a nuestros jardines —comportamientos guiados únicamente por el egoísmo y que suelen terminar en fracaso—, evitemos perturbar o dañar los hábitats que las albergan, para que el hechizo pueda prolongarse.

CÓMO USAR ESTA GUÍA

Las especies han sido clasificadas por orden alfabético de su nombre científico.

❶ Nombre común: nombre habitual de la especie en castellano (si existe).

❷ Nombre científico: está formado por dos palabras, generalmente de origen latín o griego, que designan el género y la especie.

Altura de la planta.

Periodo de floración.

Principales hábitats: esta lista no exhaustiva de hábitats corresponde a los principales hábitats dentro de los que la especie está presente en la península ibérica.

Altitud: esta entrada indica la amplitud altitudinal en la que la especie puede encontrarse en la península ibérica.

Frecuencia y distribución: corresponde a la frecuencia de encontrar la planta y a su distribución en la península ibérica.

Protección legal: esta entrada solo aparece si la especie ha sido objeto de una protección reglamentaria en el territorio peninsular.

48

ORQUÍDEA ❶ BARBADA

Si en Gran Bretaña las flores verdosas, con un labelo desmesuradamente alargado y dos lóbulos finos, como si fueran las patas traseras y la cola de un reptil, le dan el nombre de *lizard orchid* (orquídea lagarto), en Francia se le llama *boc* debido al olor embriagador que emite su inflorescencia, mientras que en Italia se le conoce como *barbone fetido*, ¡un vagabundo apestoso! Es cierto que esta orquídea no ganaría el premio a la más bella ni a la más delicadamente perfumada, pero seguramente podría competir, debido a su alta estatura y su fisonomía extravagante, en la categoría de "extraordinaria e insólita". Y, dado que también se encuentra entre las orquídeas más comunes, probablemente no estaréis a salvo de su encanto burdo... ¡a poco que cerréis la nariz!

NOMBRE CIENTÍFICO ❷
Himantoglossum hircinum

ALTURA DE LA PLANTA
30-110 cm

PERIODO DE FLORACIÓN ❷
Mayo-julio

PRINCIPALES HÁBITATS
Prados, taludes, límites de bosque

ALTITUD
0-1.000 m

FRECUENCIA Y DISTRIBUCIÓN
Rara. Norte de la península ibérica y parte sudoriental

49

Descripción

Las grandes hojas de color verde claro a verde amarillento de esta orquídea se agrupan en una roseta bien visible desde el otoño. A menudo comienzan a marchitarse en el mismo momento en que comienza la floración. El tallo presenta una inflorescencia adornada por finas brácteas verdes, con entre veinte y más de cien flores que exhalan un olor desagradable. Los sépalos y los pétalos son de color verde almendra, con venas de color rojo violáceo en su interior, y se agrupan en una especie de casco que cubre el labelo. El labelo, adornado con manchas moradas en la base, se divide claramente en tres lóbulos afilados, teñido de color oliváceo a marrón rosado. Los lóbulos laterales son finos y ondulados, mientras que el central, enrollado en espiral en el botón floral, se despliega en un canal largo y forzado en el extremo.

Especies parecidas

La *Himantoglossum robertianum* (pág. 50), mediterránea y muy precoz, con flores de aspecto muy distinto, es la única especie del género *Himantoglossum* en nuestra flora. En el centro de Italia, especialmente, se puede confundir con la *Himantoglossum adriaticum*, muy cercana, pero que tiene flores con una "correa" central más largamente rota.

Posibles confusiones

No existe riesgo de confundir esta orquídea cuando está florecida. En cambio, en invierno, antes de desarrollar el tallo floral, la roseta es difícil de distinguir de la *Himantoglossum robertianum*, que, de todas formas, presenta hojas de un color verde más oscuro y brillante.

Ecología y biología

A finales de primavera, sobre suelos alcalinos, en los campos abandonados, al borde de los caminos y en los taludes herbosos, a menudo acompañada de *Anacamptis pyramidalis* (pág. 16), esta orquídea desarrolla su multitud de serpenteantes flores de colores verde y ciruela. Estas curiosas flores, desagradables a nuestro olfato, cautivan a varios insectos polinizadores (coleópteros e himenópteros), a pesar de producir poco néctar.

❸ El **texto**: incluye una presentación general de la especie y varias rúbricas recurrentes. La **presentación general** incluye el retrato de la especie poniendo el acento en su aspecto, su belleza y diversas características naturalistas, taxonómicas o etimológicas.

Descripción: Esta entrada describe las distintas partes de la especie de modo que pueda ser reconocida sobre el terreno.

Especies parecidas: Esta entrada presenta las especies más cercanas, desde un punto de vista biológico y taxonómico, a la especie descrita.

Posibles confusiones: Aquí se presentan las especies que pueden generar confusiones con la especie que se está describiendo y se detallan sus principales caracteres distintivos.

Ecología y biología: Esta entrada recoge las exigencias ecológicas de la especie en cuanto a la naturaleza del suelo, insolación... y expone sus características biológicas principales, especialmente el modo de polinización y de nutrición.

❹ **Vista de cerca** de una flor o de su inflorescencia.

❺ **Dibujo** que representa la planta entera en el periodo de floración.

ORQUÍDEAS SILVESTRES
GUÍA DE ESPECIES

ANACAMPTIS LAXIFLORA

Para intentar encontrar una *Anacamptis laxiflora*, ¡más vale que os pongáis las botas! Porque quizá tengáis que caminar un poco para poder admirar de cerca la elegante inflorescencia rosa-violácea de este huésped emblemático de los prados cultivados… donde, lamentablemente, su presencia es cada vez más discreta a medida que los entornos de los que hablamos disminuyen y se degradan.

Amante de los biotopos templados e incluso claramente higrófila, la *Anacamptis palustris* a veces la acompaña. Así pueden aparecer híbridos de difícil identificación debido a su gran parecido. Esta proximidad morfológica y biológica lleva a algunos botánicos a clasificar ambas especies en un género particular: los *Paludorchis*, las "orquídeas palustres".

NOMBRE CIENTÍFICO
Anacamptis laxiflora

ALTURA DE LA PLANTA
25-60 cm

PERIODO DE FLORACIÓN
Abril-junio

PRINCIPALES HÁBITATS
Prados inundados, aunque solo sea temporalmente, sobre un suelo alcalino o ligeramente ácido

ALTITUD
0-1.000 m

FRECUENCIA Y DISTRIBUCIÓN
Presente en buena parte de la península ibérica

Descripción

Se trata de una planta esbelta, de hojas finas y erguidas, con un tallo muy delgado y teñido de color morado. La espiga floral es alargada, con flores muy separadas unas de otras. Su labelo se divide en tres lóbulos laterales, fuertemente replegados hacia atrás y más largos que el lóbulo medio. La parte central, blanca y sin ningún tipo de puntuación (o solo con unas manchas muy difíciles de ver), contrasta con el color rosa violáceo intenso del resto de la flor. Su espolón es horizontal o ascendente.

Especies parecidas

Muy cercana, pero mucho menos extendida, la *Anacamptis palustris* muestra sus flores de un rosa menos intenso, un labelo claramente salpicado de pequeñas manchas en el centro, con lóbulos laterales menos replegados hacia atrás y un poco más cortos que el lóbulo medio.

Posibles confusiones

Aparte de la *Anacamptis palustris*, las *Anacamptis laxiflora* pueden recordar a la *Anacamptis morio* (pág. 14), que, sin embargo, tiene un porte menos estilizado, con hojas menos finas y sépalos reunidos en forma de casco lleno de nervios verdosos. También guarda cierto parecido con otra orquídea esbelta de los prados húmedos, la *Dactylorhiza elata*, pero, entre otras diferencias, la inflorescencia de esta última es más densa, adornada con brácteas foliáceas más largas y flores con un espolón arqueado hacia abajo.

Ecología y biología

Cuando el sustrato y la insolación (pues es una planta de plena luz) le son favorables, puede formar poblaciones densas de varios cientos e incluso miles de individuos. Sin embargo, debido a la regresión generalizada de los prados húmedos, que suelen ser cultivados o drenados, hoy en día es una especie amenazada, y las estaciones que presentan tal riqueza son cada vez más raras en España.

COMPAÑÓN DE PERRO

El hecho de que se llame *morio*, parte del nombre científico de esta planta, es objeto de debates eruditos. ¿Podría ser una referencia al morrión, el casco de los conquistadores, que recuerda a la calota formada por la unión de los sépalos y los pétalos que cubre el labelo? ¿O se trata del *morio*, que en latín designa a un personaje que hace reír? Sea como fuere, payaso o soldado, esta es una de nuestras orquídeas más extendidas, y sus compactos batallones animan los prados en primavera con una floración de matices muy variados. Esta paleta de colores y su fragancia atractiva seducen a los abejorros, que creen estar ante una planta nutritiva. Sin embargo, cuando llegan, descubren que no hay ni rastro de néctar como recompensa para estos polinizadores algo ingenuos. Bonita, quizá... ¡pero sobre todo una orquídea embustera!

NOMBRE CIENTÍFICO
Anacamptis morio

ALTURA DE LA PLANTA
8-40 cm

PERIODO DE FLORACIÓN
Marzo-junio

PRINCIPALES HÁBITATS
Prados inalterados, bosques claros

ALTITUD
0-1.300 m

FRECUENCIA Y DISTRIBUCIÓN
Es una planta frecuente y muy extendida prácticamente en todas las provincias de la península ibérica

Descripción

Es una planta que a menudo presenta un porte algo desgarbado. Su inflorescencia está formada por entre cinco y veinticinco flores de colores variados según los individuos, que van desde el rosa pálido (incluso un blanco inmaculado) hasta un violeta intenso. Los pétalos y sépalos forman un casco claramente marcado por una nervadura verde. El labelo está dividido en tres lóbulos de igual longitud, con un centro más claro que generalmente está adornado con manchas del mismo color que los lóbulos laterales. Las hojas nunca presentan manchas.

Especies parecidas

Como algunas otras especies que anteriormente se clasificaban en el género *Orchis*, nuestra planta actualmente, y de manera común, se integra en el género *Anacamptis* (véase la orquídea piramidal, pág. 16). También se le ha atribuido un género diferente, *Herorchis*, en el cual se incluyen sus "falsos gemelos" mediterráneos: la *Anacamptis champagneuxii*, con sus flores sin manchas, que se encuentra en Provenza y Rosellón, y la *Anacamptis longicornu*, de colores más contrastados, presente en Córcega.

Posibles confusiones

Puede confundirse con la *Orchis mascula* (pág. 74), pero esta suele tener hojas manchadas y flores con sépalos laterales rectos y sin nervios verdes.

Ecología y biología

Si el sustrato es de naturaleza más bien neutra o ligeramente ácida, hay numerosos biotopos que pueden acoger esta orquídea: prados secos o húmedos, claros, márgenes, prados tras las dunas... Las garrigas y las maquias del perímetro mediterráneo acogen la subespecie *picta*, que a veces ha sido considerada una especie por sí misma y que presenta un aspecto más alargado.

ORQUÍDEA PIRAMIDAL

Seguro que a finales de primavera habéis visto los alegres racimos de flores rosadas de las orquídeas piramidales. Y seguramente es la menos discreta, si no la más común, de nuestras orquídeas. Esta planta se agrupa en colonias a menudo exuberantes en medio de los prados, sus bordes y los espacios abandonados, preferentemente en suelos calcáreos. Como la mayoría de las *Anacamptis*, se trata de una planta engañosa, que intenta hacerse pasar por lo que no es para las mariposas, sus polinizadoras: una proveedora de néctar. Así es como imita a otra orquídea, la *Gymnadenia conopsea* (pág. 44), y también abusa de una ligera semejanza con la *Onobrychis viciifolia* (esparceta o pipirigallo), ambas realmente muy nectaríferas, que a menudo se encuentran en los mismos ambientes.

NOMBRE CIENTÍFICO
Anacamptis pyramidalis

ALTURA DE LA PLANTA
20-60 cm

PERIODO DE FLORACIÓN
Mayo-julio

PRINCIPALES HÁBITATS
Prados, zonas abandonadas, garrigas

ALTITUD
0-2.000 m

**FRECUENCIA
Y DISTRIBUCIÓN**
En casi toda la península ibérica, especialmente en el norte y en el este

Descripción

Se caracteriza por una inflorescencia compacta de forma piramidal, puntiaguda en la punta de una larga tallo. Presenta muchas
pequeñas flores de color rosa vivo con un labelo profundamente dividido en tres lóbulos. El inicio del espolón, muy largo
y delgado, está enmarcado por dos crestas paralelas. Los pétalos y el sépalo dorsal están doblados hacia adelante.

Especies parecidas

Los análisis genéticos han hecho que el género *Anacamptis*,
que inicialmente estaría formado solo por las orquídeas piramidales, se expandiera con numerosas especies que antes se encasillaban
dentro del género *Orchis*. Además de la *Anacamptis morio* (pág. 14)
y de la *Anacamptis laxiflora* (pág. 12), ahora también encontramos la
rara *Anacamptis coriophora* y su variante meridional, de un olor más
agradable, la *Anacamptis coriophora fragrans*, así como la *Anacamptis
papilionacea*, hermosa orquídea mediterránea de grandes flores en forma
de abanico.

Posibles confusiones

La orquídea piramidal se parece bastante a su "modelo", la
Gymnadenia conopsea, porque tiene hojas pequeñas rosadas
con un labelo trilobulado y provistas de un espolón filiforme,
pero se diferencia en que tiene una inflorescencia más cónica,
generalmente de un rosa más intenso, y por la presencia de dos
pequeñas láminas que salen de la base del labelo. También se
parece a la *Traunsteinera globosa* (pág. 90), que es exclusivamente
montañosa, pero que presenta flores con un labelo manchado
y tépalos prolongados por una punta en forma de espátula.

Ecología y biología

Tanto en la llanura como en la baja montaña, las orquídeas piramidales colonizan rápidamente
los antiguos cultivos, los jardines naturales, siempre y cuando el sustrato sea seco y calcáreo.

EPIPACTE BLANCA

Esta orquídea se podría calificar como pudorosa: a pesar de que sus flores de color blanco amarillento son grandes, nunca se abren completamente y parecen no querer revelar su anatomía interna, si no es a regañadientes. Incluso se da el caso de que sus botones permanecen completamente cerrados durante toda la duración de la floración, lo que no impide que la planta fructifique y de manera bastante regular. Este curioso fenómeno indica el carácter autógamo de la epipacte, es decir, la capacidad que tienen las flores de fecundarse a sí mismas, sin intervención de insectos u otros elementos exteriores, actitud que parece ventajosa cuando los polinizadores se vuelven raros en las sombras de los bosques donde crece.

NOMBRE CIENTÍFICO
Cephalanthera damasonium

ALTURA DE LA PLANTA
20-60 cm

PERIODO DE FLORACIÓN
Mayo-julio

PRINCIPALES HÁBITATS
Sotobosques, límites

ALTITUD
0-1.700 m

**FRECUENCIA
Y DISTRIBUCIÓN**
Abundante en la parte oriental
de la península ibérica

Descripción

Sus hojas son ovaladas y están dispuestas a lo largo de un tallo recto y robusto. La inflorescencia se compone de flores no muy numerosas (generalmente menos de una docena), de color blanco cremoso a amarillo azufre pálido, generalmente no muy abiertas, y de brácteas foliares más largas que los ovarios. Los sépalos cubren y sobrepasan los pétalos y el labelo, que deja entrever, en la parte superior, unas grietas con manchas de un color amarillo como el azafrán.

Especies parecidas

En nuestra flora hay otras dos especies de *Cephalanthera*: la *Cephalanthera rubra* (orquídea roja) y la *Cephalanthera longifolia* (orquídea de hojas largas, pág. 20).

Posibles confusiones

La epípacte se parece a la orquídea de hojas largas por el color claro de su inflorescencia, pero se diferencia especialmente porque tiene hojas mucho más alargadas y pegadas al tallo, así como por las brácteas mucho más pequeñas, flores más numerosas, a menudo más abiertas y de color blanco puro en el exterior.

Ecología y biología

Su óptimo ecológico se encuentra en los robledales, hayedos y pinares de los pisos montañosos inferiores, sobre todo en suelos calcáreos. Como otras plantas adaptadas a los medios forestales, donde la luz solar llega con dificultad, las epípactes no pueden asegurarse la actividad clorofílica que les permite subsistir. Una parte del azúcar necesario para su desarrollo lo extraen de los hongos que se encuentran en el suelo, ya que estos establecen una relación estrecha con las raíces de los árboles circundantes. Estas orquídeas, que combinan el carbono resultante de la fotosíntesis y el que extraen de su acción parasitaria sobre los hongos, reciben el nombre de mixótrofas.

ORQUÍDEA DE HOJAS LARGAS

En algunas regiones se la conoce como lirio salvaje y se recoge alrededor del 1 de mayo. Sin embargo, del verdadero lirio solo tiene el blanco de las flores, ya que no posee ni las pequeñas campanitas ni el cautivador perfume. De todas formas, esta planta no deja de ser muy elegante, con su espiga de flores verdes y la hilera de largas hojas erectas como puntas de jabalina. Los sinónimos de su nombre científico insisten en este aspecto: *Cephalanthera ensifolia* o *Cephalanthera xiphophyllum* (de hojas en forma de espada). Ocupa un gran espacio, desde Marruecos hasta el Himalaya, pero se distribuye de manera irregular en España, donde prospera especialmente en los bordes de los bosques bien soleados de las bajas montañas.

NOMBRE CIENTÍFICO
Cephalanthera longifolia

ALTURA DE LA PLANTA
15-60 cm

PERIODO DE FLORACIÓN
Abril-julio

PRINCIPALES HÁBITATS
Sotobosques, límites de bosque

ALTITUD
0-2.000 m

FRECUENCIA Y DISTRIBUCIÓN
General, en toda la península ibérica

Descripción

Con una denominación que hace honor a su nombre, esta orquídea se distingue por sus hojas, muy lanceoladas, marcadas por nervios fuertes y dispuestas en un mismo plano a ambos lados del tallo. Presenta una inflorescencia más bien lanosa, formada por entre seis y más de veinte flores que exteriormente son de color blanco puro, a menudo poco abiertas, y ligeramente olorosas. Sus brácteas son cortas, y las de las flores superiores se reducen a simples escamas. El sépalo dorsal y los pétalos son conniventes, mientras que sus sépalos laterales tienden a escalarse. El label es cóncavo, manchado de color amarillo azafrán en el extremo.

Especies parecidas

El género *Cephalanthera* es esencialmente asiático y está formado por una veintena de especies. En España y en Europa occidental, además de la orquídea de hojas largas, se encuentran la orquídea roja (*Cephalanthera rubra*) y la epipacte blanca (*Cephalanthera damasonium*, pág. 18).

Posibles confusiones

No existe ningún riesgo de confundir la orquídea de hojas largas con la orquídea roja cuando están florecidas, porque las flores de una son blancas, mientras que las de la otra son de un agradable rosa melocotón.

La orquídea de hojas largas también presenta flores claras, aunque generalmente más amarillentas, y se puede distinguir por sus hojas, que son mucho más cortas, y las brácteas, mucho más largas y foliáceas, especialmente las que se encuentran en la base de la inflorescencia.

Ecología y biología

Calcícola y termófila, en algunos sectores la orquídea de hojas largas parece mostrar una preferencia por suelos humíferos, frescos y no alcalinos en otros. Esencialmente forestal, crece tanto bajo árboles densos como bajo las reforestaciones, y a veces se arriesga con los espacios abiertos, los prados o los claros, pero nunca demasiado lejos de los árboles.

ORQUÍDEA DE LA RANA

Debido a sus dimensiones modestas y a las flores de colores verdosos —de donde proviene su semejanza con la rana—, apenas modificadas con tonos marrones o rojos, esta planta a menudo pasa desapercibida entre los matorrales de hierbas en los que crece. Sin embargo, rara vez es muy abundante, incluso si su área de distribución cubre un territorio muy extenso, que va desde el oeste de Estados Unidos y Canadá hasta Japón, pasando por el Cáucaso y Siberia. En Francia, es más fácil de encontrar en los prados de altura y en los claros de los bosques de montaña, a menudo en pequeños grupos. En la llanura, por el contrario, sus poblaciones disminuyen considerablemente a medida que desaparecen los prados de siega, devorados por la urbanización y el cultivo de cereales.

NOMBRE CIENTÍFICO
Coeloglossum viride

ALTURA DE LA PLANTA
8-40 cm

PERIODO DE FLORACIÓN
Mayo-agosto

PRINCIPALES HÁBITATS
Pastos, prados de altura

ALTITUD
0-2.900 m

**FRECUENCIA
Y DISTRIBUCIÓN**
Pirineos, cordillera Cantábrica
y sistema Ibérico

Descripción

Casi totalmente verde, la orquídea de la rana tiene de tres a siete hojas dispuestas a lo largo de un tallo robusto. Su inflorescencia está constituida por una espiga de cinco a treinta flores y grandes brácteas foliosas. Los sépalos y los pétalos laterales forman un casco cerrado del que emerge un labelo de color verde-amarillo (o rojizo, especialmente entre los individuos que crecen en la montaña), rígido y carnoso, provisto de lóbulos laterales cortos y un apéndice central sumario, a veces ausente. El espolón, globoso, poco profundo y bastante más corto que el ovario, oculta el néctar.

Especies parecidas

Los estudios genéticos sitúan la orquídea de la rana, única especie del género *Coeloglossum*, más cerca del género *Dactylorhiza*. Algunos botánicos creen que debería incluirse dentro de este género, aunque su morfología muestra divergencias en varios aspectos.

Posibles confusiones

Por sus colores, la orquídea de la rana recuerda vagamente a la flor del hombre ahorcado (*Orchis anthropophora*, pág. 72), pero el labelo, en este último caso, está dividido en cuatro "miembros" alargados que le confieren su famoso aspecto antropomórfico. La orquídea de la rana a veces puede cohabitar con otra orquídea verdosa, la *Chamordis alpina*, que es una pequeña planta (máximo 10 cm) estrictamente alpina, con un labelo casi entero.

Ecología y biología

Ecológicamente tolerante, nuestra orquídea de la rana puede crecer igualmente bien sobre sustratos secos o temporalmente encharcados, ácidos o alcalinos. A diferencia de las especies del género *Dactylorhiza*, con las que llega a formar híbridos, se trata de una planta nectarífera, cuyas flores destilan un abundante líquido que atrae a muchos insectos: avispas, hormigas, pequeños coleópteros y mariposas nocturnas.

ZAPATITO DE DAMA

La más emblemática, la más mediática, pero también una de las más secretas... esta es una orquídea superlativa, que no tiene igual en toda Europa, la que todo aprendiz de botánico sueña con descubrir algún día, al borde de un camino de montaña. La flor incomparable del zapatito de dama, o zapatito de Venus, para darle un nombre menos cristiano, con su labelo en forma de globo, no es más que una trampa para las pequeñas abejas: el insecto se posa en el borde resbaladizo de la urna y cae en su interior. Una vez en el fondo de este zapatito, o, mejor dicho, de esta linterna mágica, guiado por un sutil juego de luces, se dirige hacia la estrecha puerta de salida, frotándose al mismo tiempo contra las anteras cargadas de polen. Si otro ejemplar de zapatito lo atrapa y sigue el mismo recorrido, depositará ese polen en el estigma y fecundará a Venus.

NOMBRE CIENTÍFICO
Cypripedium calceolus

ALTURA DE LA PLANTA
20-70 cm

PERIODO DE FLORACIÓN
Mayo-julio

PRINCIPALES HÁBITATS
Bosques claros y bordes de bosque en la montaña

ALTITUD
300-2.000 m

FRECUENCIA Y DISTRIBUCIÓN
Rara. En los Pirineos centrales y orientales

PROTECCIÓN LEGAL
Protegida en todo el territorio, en peligro de extinción

Descripción

El zapatito de dama tiene unas grandes hojas alternas ovaladas, marcadas con potentes nervios. Su tallo generalmente presenta una única flor muy grande (raramente dos y excepcionalmente tres) acompañada de una gran bráctea foliosa. Las piezas que forman el perianto son de color pardo rojizo o granate. Los pétalos son alargados, finos, ligeramente caídos, a veces retorcidos. Los dos sépalos laterales están soldados y caen bajo el labelo, que forma una gran bolsa arrugada de color amarillo vivo, a menudo con puntos de color morado en el interior.

Especies parecidas

El zapatito de dama es el único *Cypripedium* que se encuentra en Europa occidental (su área de distribución se extiende hasta Japón), aunque este género comprende decenas de otras especies, especialmente en China y Norteamérica. La subfamilia de las *Cypripedioideae*, a la que pertenece el género *Cypripedium*, está igualmente representada por los géneros *Phragmipedium* y *Paphiopedilum*, bien conocidos por los amantes de las orquídeas tropicales.

Posibles confusiones

Singular y espectacular, la flor del zapatito de dama no se puede confundir, en nuestra tierra, con ninguna otra. Por el contrario, cuando no presenta flores, sus hojas, muy nervadas, pueden confundirse con las de la genciana mayor (*Gentiana lutea*) o con las del eléboro blanco (*Veratrum album*).

Ecología y biología

La fuerte presión de recolección de la que durante mucho tiempo fue víctima, la destrucción de sus hábitats en zonas de baja altitud, así como sus exigencias ecológicas bastante estrictas, hacen que el zapatito de dama sea actualmente una planta rara y poco presente en nuestra región. Por lo tanto, se encuentra esencialmente en el piso montano (Pirineos), donde requiere un suelo calcáreo, una exposición clara o de media sombra bajo los árboles resiníferos o las hayas, siempre en un ambiente más bien fresco.

DACTYLORHIZA FUCHSII

Se trata de una orquídea esbelta que se encuentra en la mayor parte de nuestras regiones y que puede ser localmente abundante. A finales de la primavera y comienzos del verano, en pequeños grupos, adorna los taludes, los bordes de los bosques o los prados calcáreos con bellas inflorescencias cónicas formadas por numerosas flores rosadas con un labelo que muestra un feroz "colmillo" central. Recibe su nombre científico en honor a Leonhart Fuchs, uno de los precursores de la botánica moderna (a quien también se dedicó el género *Fuchsia*, bien conocido por los amantes de las plantas ornamentales). Esta *Dactylorhiza* causa problemas a los botánicos actuales, que a menudo tienen dificultades para distinguirla de la palmacresta (*Dactylorhiza maculata*). De hecho, algunos especialistas la consideran simplemente una subespecie de esta última.

NOMBRE CIENTÍFICO
Dactylorhiza fuchsii

ALTURA DE LA PLANTA
20-70 cm

PERIODO DE FLORACIÓN
Mayo-julio

PRINCIPALES HÁBITATS
Prados, bordes de bosque y bosques claros

ALTITUD
0-2.400 m

FRECUENCIA Y DISTRIBUCIÓN
Frecuente, en la cordillera Cantábrica, Pirineos y sistema Ibérico

Descripción

Presenta hojas llenas de manchas en la cara superior. Su tallo es fino, macizo y lleva una inflorescencia densamente adornada con flores blancas o rosadas violáceas. Decorada con puntos y líneas onduladas más oscuras, su labelo se divide en tres lóbulos agudos y definidos, siendo el central más largo que los laterales.

Especies parecidas

Las *Dactylorhiza* son plantas de comprensión delicada para quienes buscan demasiada precisión en la denominación de los distintos especímenes. Los fenómenos de hibridación o de multiplicación natural del número de cromosomas son frecuentes en este género y conducen a la aparición de individuos, e incluso poblaciones enteras, que no responden a los criterios de identificación comúnmente aceptados. En este contexto, se han descrito numerosas formas, variedades, subespecies e incluso especies. Entre ellas, más allá de la palmacresta, especie central del grupo al que pertenece *Dactylorhiza fuchsii*, podemos mencionar *Dactylorhiza saccifera*, que se encuentra especialmente en Córcega y se distingue por sus grandes flores con brácteas prominentes.

Posibles confusiones

La muy polimorfa palmacresta, típicamente asociada a suelos ácidos y húmedos, en principio se diferencia de *Dactylorhiza fuchsii* por tener un labelo menos profundamente trilobulado. Sin embargo, este criterio es muy difícil de apreciar, especialmente porque algunos estanques ácidos albergan, paradójicamente, plantas que se asemejan mucho a esta última.

Ecología y biología

La *Dactylorhiza fuchsii* se adapta a varias condiciones de humedad e insolación, siempre que el suelo sea de naturaleza alcalina, requisito que normalmente la separa de la palmacresta, acidófila. En los Alpes, a grandes altitudes, se observan algunos individuos pequeños que a veces se atribuyen a la subespecie *psychrophila*.

PALMACRESTA

La gran mayoría de orquídeas autóctonas son plantas que ocupan terrenos calcáreos o alcalinos. Son raras aquellas que solo prosperan en suelos ácidos y, entre ellas, una de las más notables es, sin duda, la palmacresta. Capaz de formar poblaciones espectaculares de varios miles de individuos, esta planta es el adorno veraniego de las turberas, los brezales poco profundos y los prados inundables, así como de las depresiones ocupadas por musgos y *Carex*. Dado que se trata de una especie biológicamente muy plástica, cada hábitat puede albergar su propia forma adaptada, con características morfológicas particulares en cuanto a altura, número y color de las flores, así como la forma y ornamentación del labelo, lo que a veces dificulta su identificación.

NOMBRE CIENTÍFICO
Dactylorhiza maculata

ALTURA DE LA PLANTA
20-60 cm

PERIODO DE FLORACIÓN
Junio-agosto

PRINCIPALES HÁBITATS
Yermos húmedos, praderías turbosas

ALTITUD
0-2.300 m

**FRECUENCIA
Y DISTRIBUCIÓN**
Mitad norte de la península ibérica (sobre todo en la montaña)

Descripción

Esta orquídea está dotada de hojas lanceoladas, generalmente cubiertas de manchas oscuras en la cara superior (de donde proviene su nombre). En la cima de un tallo fino y macizo, despliega una inflorescencia densa, cónica al principio de la floración, pero que al final se vuelve cilíndrica. Sus flores están recorridas por puntos y rayas moradas sobre un fondo blanco o rosa pálido. El labelo es bastante plano, formado por tres lóbulos poco definidos.

Especies parecidas

Muchas variaciones de la palmacresta han sido objeto de una descripción científica y algunas han sido incluso elevadas al rango de especie. De esta manera, en las landas de la fachada atlántica se menciona la *Dactylorhiza ericetorum*, planta punteada con hojas muy finas. En las turberas de montaña, a menudo se encuentra la *Dactylorhiza savogiensis*, con grandes flores y a menudo muy violáceas.

Posibles confusiones

A menudo es difícil distinguirla de la *Dactylorhiza fuchsii*. Para ello, debemos observar atentamente la base del labelo, que en principio es menos marcadamente trilobulado en la palmacresta. También es importante considerar la naturaleza química del sustrato, ya sea ácido o básico. Al igual que la palmacresta, la *Dactylorhiza majalis* (pág. 30) presenta hojas manchadas (aunque más grandes), pero se diferencia por tener un tallo más grueso, hueco y flores de un intenso tono rosa violáceo.

Ecología y biología

La orquídea manchada está ampliamente distribuida por la Europa templada y boreal. Según algunos especialistas, esta especie podría haberse originado por poliploidía (aparición natural de copias adicionales del genoma) a partir de la *Dactylorhiza fuchsii*, que en su origen habría crecido únicamente en terrenos alcalinos. Este fenómeno ha ido acompañado de una mayor capacidad de adaptación a distintos hábitats húmedos y ácidos.

DACTYLORHIZA MAJALIS

Las *Dactylorhiza* (del griego *daktulos*, 'dedo', y *rhiza*, 'raíz') deben su nombre a la forma digitada de sus tubérculos. Esta característica, entre otras, ha permitido diferenciarlas de especies con una morfología floral similar pero con tubérculos ovoides, como las auténticas *Orchis* (del griego *orkhis*, 'testículo'). Afortunadamente, existen otros criterios distintivos, y sería prudente evitar comprobar estas emocionantes particularidades desenterrando las plantas... La *Dactylorhiza majalis*, al igual que los prados húmedos que la albergan, está en regresión en nuestra región, especialmente en las llanuras. Con sus grandes hojas manchadas y sus flores, cuyo tono varía entre violeta y morado según el hábitat y la altitud, es una orquídea de gran belleza que merece toda nuestra protección.

NOMBRE CIENTÍFICO
Dactylorhiza majalis

ALTURA DE LA PLANTA
20-70 cm

PERIODO DE FLORACIÓN
Mayo-julio

PRINCIPALES HÁBITATS
Prados de marismas

ALTITUD
0-2.000 m

**FRECUENCIA
Y DISTRIBUCIÓN**
Presente, sobre todo en altura, en los Pirineos

Descripción

Presenta grandes hojas manchadas solo en la parte superior. Su tallo es hueco, grueso y lleva una inflorescencia densa, formada por brácteas bien visibles y flores de un tono morado violáceo. El labelo, más o menos trilobulado, está recorrido por líneas y manchas a veces atenuadas. El espolón es descendente.

Especies parecidas

Muchas variantes de esta especie, principalmente de montaña, han sido descritas y, en algunos casos, incluso elevadas al rango de especie. Así, encontramos la *Dactylorhiza alpestris*, que presenta colores aún más vivos y flores con un labelo menos separado; la *Dactylorhiza lapponica*, más marcada por pequeñas cicatrices, con menos hojas y flores más pequeñas; o incluso la *Dactylorhiza traunsteineri*, que se distingue por su porte grácil, hojas finas y una inflorescencia discreta.

Posibles confusiones

Igualmente vinculada a los hábitats húmedos y similar a la *Dactylorhiza majalis*, la *Dactylorhiza incarnata* se reconoce por sus largas hojas, generalmente sin manchas (excepto en algunas poblaciones alpinas), erguidas contra el tallo y que a menudo alcanzan hasta la mitad de la inflorescencia, así como por sus pequeñas flores con un labelo adornado con dibujos en forma de bucle. Siempre presente en prados húmedos y a baja altitud, la *Dactylorhiza elata*, muy similar a la meridional *Dactylorhiza occitanica* y a la septentrional *Dactylorhiza praetermissa*, se distingue de la *Dactylorhiza majalis* por sus hojas inmaculadas y su porte más esbelto.

Ecología y biología

Planta de plena luz, la *Dactylorhiza majalis* prefiere los suelos arcillosos, frescos e incluso húmedos. Como otras *Dactylorhiza*, esta especie no produce néctar y engaña a sus polinizadores (principalmente abejas y abejorros) imitando las señales visuales y olfativas de algunas especies verdaderamente nectaríferas.

ORQUÍDEA SAÚCO

A diferencia de la mayoría de las *Dactylorhiza*, habitualmente ligadas a marismas y otros hábitats húmedos, esta especie muestra una clara preferencia por los prados especialmente secos y pobres. Su nombre deriva del aroma dulce, similar al del saúco, que desprenden sus flores. Además, esta planta se distingue por una característica poco común en nuestra región, aunque presente en algunas especies del mismo género en la península ibérica, la península itálica o los Balcanes: una inflorescencia que puede ser, según el individuo, de color amarillo o rojo. Solo en la montaña, y al inicio de la temporada, podremos admirar el sobrecogedor espectáculo de un herbazal completamente iluminado por cientos de orquídeas saúco entremezclando ambos colores en perfecta armonía.

NOMBRE CIENTÍFICO
Dactylorhiza sambucina

ALTURA DE LA PLANTA
10-40 cm

PERIODO DE FLORACIÓN
Mayo-julio

PRINCIPALES HÁBITATS
Prados de altura

ALTITUD
500-2.250 m

**FRECUENCIA
Y DISTRIBUCIÓN**
Únicamente se encuentra
en la montaña y puede
ser localmente frecuente
(presente en los Pirineos,
Muntanyes de Prades,
cordillera Cantábrica, sistema
Central y sistema Ibérico)

Descripción

De porte robusto, la orquídea de saúco presenta un mechón de hojas de color verde claro, sin ninguna mancha. En lo alto de un tallo grueso, su inflorescencia densa está compuesta por brácteas verdes y flores ligeramente olorosas, que pueden ser amarillas o magenta (rosa asalmonado en la variedad *zimmermanii*). El labelo, generalmente poco destacado, está punteado de color morado en su base. El espolón, robusto, se dirige hacia abajo.

Especies parecidas

La *Dactylorhiza insularis*, especie mediterránea, es muy cercana a la orquídea saúco. Sin embargo, se distingue por su porte más alargado, una inflorescencia menos densa y flores exclusivamente amarillas, con marcas más escasas y menos definidas (excepto en la forma *bartonii*, que presenta flores adornadas con dos manchas rojas que, en ocasiones, llegan hasta el centro del labelo).

Posibles confusiones

La variante roja de la orquídea saúco podría confundirse con las formas montañesas robustas de la *Dactylorhiza majalis*, pero estas últimas presentan hojas casi siempre manchadas y flores con un labelo recorrido por líneas más que por puntos. La variante amarilla se distingue sin problemas de la *Orchis pallens*, ya que esta última posee flores inmaculadas, un espolón ascendente y brácteas reducidas, poco visibles.

Ecología y biología

En nuestro territorio, la orquídea saúco solo se encuentra hoy en día en la baja y media montaña, generalmente sobre suelos moderadamente ácidos, no calcáreos o superficialmente descalcificados, a pleno sol o en claros de bosques. Sus colonias, con efectivos a veces considerables, suelen estar formadas por una mayoría de plantas con flores amarillas y una minoría con flores rojas, aunque en algunos lugares solo se encuentra la variante amarilla.

HELEBORINA ROJO OSCURO

De las sesenta especies de *Epipactis* que se encuentran repartidas por el mundo, esencialmente en el hemisferio norte, casi una quincena están presentes en la península ibérica. Muchas son tan similares que su identificación pasa necesariamente por el estudio cuidadoso de su anatomía, especialmente de los órganos reproductores. Sin embargo, no es necesario adentrarse demasiado en la intimidad de la heleborina para reconocerla: sus flores, completamente de color rojo-violeta, iluminadas por el amarillo brillante de su antera, son casi únicas en este género. Y para diferenciarla de algunas de sus primas que prefieren desaparecer en la penumbra del sotobosque, esta planta con frecuencia se instala en los bordes de los bosques y en los claros luminosos, incluso sobre la arena o en superficies rocosas expuestas completamente al sol.

NOMBRE CIENTÍFICO
Epipactis atrorubens

ALTURA DE LA PLANTA
20-80 cm

PERIODO DE FLORACIÓN
Junio-julio

PRINCIPALES HÁBITATS
Dunas, límites de bosque,
inicios de bosque calcáreos

ALTITUD
500-2.300 m

**FRECUENCIA
Y DISTRIBUCIÓN**
Puede hallarse básicamente
en los Pirineos, cordillera
Cantábrica y sistema Ibérico

Descripción

Las hojas lanceoladas de la heleborina se agrupan en la base de un tallo a menudo violáceo, cubierto por una densa pelusa grisácea en su mitad superior. Su inflorescencia, algo tímida, generalmente presenta flores muy coloridas de color morado, más raramente rosadas o amarillo-verdosas, y exhala un ligero aroma a vainilla. Unas protuberancias rizadas ocupan la base del epiquilo.

Especies parecidas

La *Epipactis kleinii* puede considerarse una heleborina en miniatura, con flores que, sin embargo, serían menos uniformemente moradas. La *Epipactis microphylla*, que tiene las hojas muy pequeñas, solo muestra pocos o ningún matiz rojo en el verde de sus flores pequeñas, que a menudo encontramos poco abiertas.

Posibles confusiones

La confusión puede producirse con algunos ejemplares de *Epipactis helleborine* (pág. 36) que presentan flores especialmente teñidas de rojo. El observador también puede encontrar dificultades en los casos raros en los que, al contrario, los pigmentos morados no están presentes. Sin embargo, esta última orquídea tiene un epiquilo rizado, un aspecto pubescente en el tallo, los ovarios y la cara externa de los sépalos, características que permiten diferenciarlas.

Ecología y biología

Especialmente montañosa, crece preferentemente en los bordes de los bosques, sobre un sustrato seco, de grava y alcalino. En las regiones de suelos ácidos, su presencia a veces se da en los bordes de las carreteras bajo la influencia de los granulados calcáreos utilizados en las cimentaciones de las calzadas.

HELEBORINA DE HOJAS ANCHAS

Después de la floración de la primavera, el verano se convierte en una temporada de vacas flacas para los amantes de las orquídeas silvestres. Si no pueden ir a la montaña y a sus generosos prados de altura, no tendrán otra opción, para calmar su pasión, que sumergirse en los sotobosques. Este es el dominio de las *Epipactis*, plantas de floración estival que presentan colores más bien discretos, verdosos o rosados, y en su mayoría forestales, con la notable excepción de la *Epipactis palustris* (pág. 38). No cabe duda de que es la orquídea más común en los bosques de árboles caducifolios, pero la heleborina de hojas anchas es también una de las representantes más espectaculares de este género, ya que puede desplegar un tallo con unas veinte flores y medir más de un metro... No hay duda de que este tipo de ejemplares tienen todo lo necesario para destacar.

NOMBRE CIENTÍFICO
Epipactis helleborine

ALTURA DE LA PLANTA
20-130 cm

PERIODO DE FLORACIÓN
Julio-septiembre

PRINCIPALES HÁBITATS
Sotobosques de árboles frondosos, límites de bosque

ALTITUD
0-2.100 m

FRECUENCIA Y DISTRIBUCIÓN
Se encuentra en la mitad norte de la península ibérica

Descripción

De tamaño y número de flores muy variable, esta *Epipactis* generalmente presenta grandes hojas extendidas, dispuestas alternativa-
mente a lo largo del tallo. Su inflorescencia está formada por flores
bien abiertas de colores variados que van desde el verde pálido hasta
el morado. El interior del epiquilo, lleno de néctar, es de color marrón
brillante, y dos bordes más o menos definidos marcan la base del
epiquilo. Los polinios son coherentes y la glándula rostelar se con-
serva operativa.

Especies parecidas

La heleborina de hojas anchas cuenta con muchas especies cercanas. Así, cabe mencionar: *Epipactis tremolsii*; *Epipactis muelleri*;
Epipactis leptochila, con un epiquilo puntiagudo, más largo que
ancho; *Epipactis purpurata*, planta principalmente presente en los
sotobosques sombríos del este; y *Epipactis rhodanensis*, habitante
de los bosques aluviales, con pequeñas flores verdes apenas teñidas
de rosa en la base del epiquilo.

Posibles confusiones

A menudo se confunde con la heleborina de Müllers, que tiene
hojas más estrechas, de color verde claro, flores en forma de
campana, pálidas y poco abiertas. Solo el examen minucioso de
su ginostemo, que no tiene clinandro ni glándula rostelar, puede
asegurar su identificación. Vinculada a las zonas rocosas mediterráneas, la *Epipactis tremolsii* se caracteriza por tener un tallo muy
florífero y hojas onduladas, recogidas en la base del tallo.

Ecología y biología

Esta orquídea utiliza una sorprendente estrategia para
ser polinizada: libera una señal olorosa idéntica a la que
emiten algunas plantas atacadas por las orugas, de manera
que puede atraer a los depredadores de estas últimas, las avispas. Estas, una vez llegan al lugar y no encuentran a su presa, se lanzan
sobre el néctar y fecundan así las flores.

HELEBORINA DE LOS PANTANOS

Más que buscar las sombras y la tranquilidad de los bosques, esta *Epipactis* inconformista, ignorando completamente la ortodoxia algo austera de su género, se muestra con gusto en colonias numerosas en los ambientes húmedos bañados de luz. Y si las flores de la mayoría de sus congéneres toman formas sobrias y colores discretos, las suyas, al contrario, despliegan un fascinante labelo articulado, hecho de guirnaldas blancas finamente bordadas de morado y estampadas de amarillo azafrán. Esta belleza, que parece haberla tomado de alguna orquídea exótica, lejos de retenerla solo en las regiones meridionales, la dispersa generosamente desde Portugal hasta Siberia, tanto en las zonas tras las dunas litorales como en los pantanos alcalinos de la montaña media.

NOMBRE CIENTÍFICO
Epipactis palustris

ALTURA DE LA PLANTA
15-80 cm

PERIODO DE FLORACIÓN
Junio-julio

PRINCIPALES HÁBITATS
Prados húmedos, marismas, fosos

ALTITUD
0-2.100 m

FRECUENCIA Y DISTRIBUCIÓN
Presente en la mitad norte de la península ibérica

Descripción

Sobre un tallo rojizo y cubierto de pelusa en la parte superior, la inflorescencia de la heleborina de los pantanos presenta hasta unas veinte flores suspendidas de largos pedúnculos. Pubescentes en el exterior, los sépalos contienen, al igual que los pétalos, nervios de color rojo en la cara interna. Se abren en un labelo constituido por un hipoquilo que se va ensanchando, blanco y estriado de morado en los bordes, teñido de amarillo y rosa en la parte trasera, y de un epiquilo móvil, blanco, de aspecto algo arrugado y adornado con un corte dentado con la base amarilla.

Especies parecidas

La heleborina de los pantanos parece muy singular dentro de su género. Por sus flores con labelo articulado y por su afinidad con los biotopos húmedos, se asemeja a la *Epipactis veratrifolia*, que es una hermosa especie oriental cuya área de distribución llega hasta la isla de Chipre.

Posibles confusiones

Cuando está en flor, la heleborina de los pantanos no se puede confundir con ninguna otra planta de nuestra flora.

Ecología y biología

Huésped de los prados de marismas, de los breñales, de los lugares donde se producen cambios de rasante, las depresiones dunares y otros hábitats soleados y húmedos, al menos de forma temporal, esta orquídea atrae a numerosos insectos polinizadores: dípteros, pequeños coleópteros, hormigas y abejas. Parece que esta especie es la única, entre las *Epipactis* de nuestras regiones, que aprovecha su actividad clorofílica para satisfacer sus necesidades de azúcar. Al igual que algunas otras plantas vinculadas a hábitats poco luminosos, entre las cuales encontramos las *Cephalanthera* y las listeras, las demás *Epipactis* compensan la insuficiencia de su producción autótrofa, es decir, realizada de manera autónoma gracias a la fotosíntesis, mediante una aportación directamente extraída de sus hongos micorrízicos.

ORQUÍDEA FANTASMA

Duende, orquídea fantasma... Los sobrenombres que se dan a la mítica *Epipogium aphyllum* nos dicen mucho sobre su particular fisiognomía y sobre la rareza de sus apariciones en los bosques sombríos de montaña. Sin hojas y con marcas de colores claros, porque está completamente desprovista de clorofila, esta planta debe su subsistencia a los nutrientes que le aportan los hongos micorrízicos con los que mantiene relaciones de tipo más parasitario que simbiótico. Esta forma de vida singular le permite crecer y, a veces, incluso florecer completamente sobre el suelo. De esta manera, puede desaparecer durante varios años hasta que las condiciones sean favorables para su regreso a la superficie, raramente en el mismo lugar donde se la había visto antes, gracias a una propagación por estolones subterráneos.

NOMBRE CIENTÍFICO
Epipogium aphyllum

ALTURA DE LA PLANTA
5-30 cm

PERIODO DE FLORACIÓN
Julio-agosto

PRINCIPALES HÁBITATS
Bosques de montaña

ALTITUD
600-1.900 m

**FRECUENCIA
Y DISTRIBUCIÓN**
Es una planta muy rara y
únicamente se halla muy
localizada en los Pirineos y
una referencia en el Montseny
y en la provincia de Soria

PROTECCIÓN LEGAL
Protegida en todo el territorio,
en peligro de extinción

Descripción

En lugar de hojas, esta planta solo tiene algunas escamas membranosas que adornan el tallo. Pálido y frágil, el tallo soporta de una a cuatro (excepcionalmente ocho) grandes flores que cuelgan con un labelo situado en la parte superior, a diferencia de la gran mayoría de las orquídeas autóctonas. Los sépalos y los pétalos son amarillentos, estrechos y están plegados en forma de racimo. Blanco translúcido y adornado con dientes a menudo rosados, el labelo se abre delante de un gran espolón abombado, de color rosa claro.

Especies parecidas

Esta planta no se asemeja a ninguna otra orquídea de nuestra flora. El género *Epipogium* solo está formado por muy pocas especies en el mundo.

Posibles confusiones

Orquídea no clorofílica y con hojas reducidas a simples vainas que envuelven el tallo, la *Corallorhiza trifida* comparte a veces el mismo biotopo que la *Epipogium*, pero el tamaño claramente menor de sus flores y su aspecto notablemente distinto no permiten ninguna confusión.

Ecología y biología

Tendremos alguna posibilidad de admirar la extraña floración cristalina de esta planta en pleno pico del verano, en la penumbra musgosa de los abetales, pinares o hayedos de montaña, a menudo no muy lejos de los matorrales de arándanos. Nuestro "duendecillo" reclama un ambiente húmedo, un suelo rico en humus, y tolera con muchas dificultades las alteraciones de su medio. Al igual que la nido de pájaro (*Neottia nidus-avis*, pág. 56), el *Limodorum abortivum* (pág. 52) y la *Corallorhiza trifida*, se trata de una planta micoheterótrofa, es decir, dependiente de los hongos micorrízicos como única fuente de carbono. Un corte indiscriminado o cualquier otra alteración silvícola de impacto pueden romper los vínculos que la unen con sus huéspedes fúngicos y hacerla desaparecer.

GOODYERA REPENS

A pesar de ser una pequeña planta forestal muy discreta, la *Goodyera repens* puede destacar por más de una razón. Así, sus diminutas flores, completamente blancas, olorosas y poco abiertas, están recubiertas exteriormente por una pilosidad corta pero limpia, una característica insólita entre las orquídeas autóctonas. Del mismo modo, es la única orquídea de nuestra flora cuyas hojas duran toda la estación. Así que podéis buscarla en pleno invierno... Y con un poco de práctica, incluso cuando está parcialmente disimulada bajo las agujas que forman el sotobosque de las coníferas, es fácil distinguir su roseta con unos nervios que a menudo están resaltados por un conjunto de líneas claras, ya que rara vez crece de forma aislada debido a su propagación por estolones (de donde le viene el calificativo de *repens*).

NOMBRE CIENTÍFICO
Goodyera repens

ALTURA DE LA PLANTA
6-25 cm

PERIODO DE FLORACIÓN
Junio-septiembre

PRINCIPALES HÁBITATS
Sotobosques de coníferas

ALTITUD
0-2.000 m

**FRECUENCIA
Y DISTRIBUCIÓN**
Escasa en todo el territorio, presente en los Pirineos y provincia de Castellón (Alto Maestrazgo)

Descripción

Esta planta desarrolla una roseta con entre tres y siete hojas pecioladas, a menudo reticuladas con unas líneas blanquecinas siguiendo sus nervios (variedad *ophioides*). La inflorescencia presenta un máximo de treinta pequeñas flores blancas, generalmente situadas más o menos en el mismo lado del tallo. Los sépalos laterales, cubiertos de pelos glandulosos, se separan ligeramente de un labelo en forma de lengüeta curvada hacia el suelo, mientras que el sépalo dorsal, igualmente pubescente, y los pétalos forman un capuchón que recubre el ginostemo. El tallo y los frutos secos suelen permanecer presentes una vez pasada la floración, lo que puede ayudar a la localización de la planta.

Especies parecidas

Goodyera es un género distribuido principalmente por el sureste asiático, del cual *Goodyera repens* es el único representante en España. Solo hay otra especie europea, *Goodyera macrophylla*, un endemismo rarísimo de la isla de Madeira.

Posibles confusiones

Únicamente se puede confundir con la *Spiranthes spiralis* (pág. 88). De todos modos, esta es estrictamente forestal, sus flores son peludas a nivel de los sépalos y no están dispuestas en una espiral regular alrededor del tallo.

Ecología y biología

Goodyera repens está muy extendida en las regiones boreales y templadas de Eurasia y Norteamérica. Tendremos más oportunidades de encontrarla en nuestra zona en el piso montano, en bosques maduros de pinos o abetos, a menudo en colonias densas entre los musgos. Si hace cincuenta años era una especie considerada rara, hoy en día está en expansión, favorecida, al parecer, por las campañas de plantación de coníferas emprendidas durante los dos últimos siglos.

GYMNADENIA CONOPSEA

En el mundo lleno de plantas similares que es el de las orquídeas silvestres, poblado por tantas embusteras encantadoras y tantas usurpadoras graciosas, hay algunas que ponen sus cartas sobre la mesa y no mienten sobre su mercancía. *Gymnadenia conopsea* forma parte de esta última categoría: si sus pequeñas flores prometen néctar a los insectos por su forma, color y perfume, ciertamente lo contienen. Es verdad que sus "clientes" no son los mosquitos, a diferencia de lo que su nombre en francés podría sugerir (*orchis moucheron*), sino algunas especies de mariposas, las únicas criaturas dotadas del instrumento de succión adecuado —su trompa— para recoger el líquido nutritivo del fondo de los largos y muy estrechos espolones arqueados.

NOMBRE CIENTÍFICO
Gymnadenia conopsea

ALTURA DE LA PLANTA
20-60 (100) cm

PERIODO DE FLORACIÓN
Mayo-agosto

PRINCIPALES HÁBITATS
Prados, rincones forestales

ALTITUD
0-2.400 m

**FRECUENCIA
Y DISTRIBUCIÓN**
Pirineos, Muntanyes de Prades, Montseny, Alto Maestrazgo y cordillera Cantábrica

Descripción

Gymnadenia conopsea es una planta esbelta, con hojas erectas y lanceoladas a lo largo. Hasta doscientas pequeñas flores, generalmente de color rosa lila y agradablemente perfumadas, se agrupan en una espiga cilíndrica. Los sépalos laterales están separados, mientras que los pétalos y el sépalo dorsal forman una especie de casco. Su labelo es corto, dividido en tres lóbulos iguales y sin crestas basales. El espolón, filiforme, es al menos dos veces más largo que el ovario.

Especies parecidas

Antes de que estudios recientes de biología molecular avalaran la integración de la pequeña *Gymnadenia rhellicani* (pág. 46) y otras antiguas *Nigritella* dentro del género *Gymnadenia*, este incluía una única especie más en nuestro territorio: la *Gymnadenia odoratissima*.

Posibles confusiones

La *Gymnadenia odoratissima*, bastante más rara que la *Gymnadenia conopsea*, se distingue por un porte más esbelto, una inflorescencia más laxa y flores más pálidas, con un labelo cuyos lóbulos laterales son más cortos que el central. Su espolón es también mucho más reducido, con un tamaño inferior o igual al del ovario. Sin embargo, algunas poblaciones presentan características intermedias entre ambas especies, especialmente en la longitud del espolón. A menudo se consideran especies distintas bajo el nombre de orquídea de los Pirineos (*Gymnadenia pirenaica*).

Ecología y biología

Prefiere los suelos calcáreos, aunque muestra una gran tolerancia ecológica, ya que prospera tanto en sustratos secos como en ligeramente húmedos, desde la llanura hasta el piso alpino. En algunos humedales de montaña se puede observar la variedad *densiflora*, que se caracteriza por plantas muy grandes y estilizadas, con una inflorescencia compacta y adornada con numerosas flores.

GYMNADENIA RHELLICANI

Durante una excursión por los prados de montaña en verano, siempre es un placer des-cubrir una colonia de esta orquídea en miniatura, que salpica la hierba con manchas de un intenso color rojo oscuro. Y si os agacháis para acercar la nariz a uno de estos pequeños pompones, un sorprendente aroma que recuerda a la vainilla o al chocolate hará aún más intenso el disfrute visual. Basándose en estudios de biología molecular, *Gymnadenia rhellicani* y sus parientes de montaña han pasado recientemente a formar parte del género *Gymnadenia*, al que también pertenece la *Gymnadenia conopsea* (pág. 44). Sin embargo, estas plantas todavía suelen llamarse nigritelas, un término que pro-viene del antiguo género *Nigritella* (derivado del latín *nigritudo*, 'oscuridad'), en alusión al color oscuro de sus flores, y en el que algunos botánicos siguen prefiriendo incluirlas.

NOMBRE CIENTÍFICO
Gymnadenia rhellicani

ALTURA DE LA PLANTA
15-25 cm

PERIODO DE FLORACIÓN
Junio-agosto

PRINCIPALES HÁBITATS
Prados alpinos, principalmente
sobre terreno calcáreo

ALTITUD
1.000-2.800 m

**FRECUENCIA
Y DISTRIBUCIÓN**
No existe en la península
ibérica

Descripción

Muy compacta, la inflorescencia de esta orquídea es inicialmente corta y cónica, pero hacia el final de la floración se
va redondeando. Está formada por brácteas rodeadas de
pequeñas denticiones (visibles con lupa) y unas cuarenta
flores pequeñas con un labelo que apunta hacia arriba (en
la mayoría de las orquídeas europeas apunta hacia abajo,
lo que se cumple para todas las demás especies del género
Gymnadenia, excepto las nigritelas). Las brácteas y las flores presentan colores vivos; estas últimas son de un tono morado que tiende al
negro cuando forman botones, aunque de un granate oscuro en plena
floración. En ocasiones, se han observado ejemplares con flores de color
blanco, amarillo, rosado, naranja o incluso bicolores.

Especies parecidas

En Francia se han descrito cuatro especies más de nigritelas: *Gymnadenia corneliana*, completamente rosa,
visible en los Alpes; *Gymnadenia austriaca*, presente en
todos los grandes macizos, incluido el Macizo Central;
Gymnadenia gabasiana, más robusta y exclusiva de los
Pirineos, y *Gymnadenia cenisia*, muy cercana a la anterior,
conocida principalmente en Saboya.

Posibles confusiones

Las nigritelas son todas muy similares. De este modo, la *Gymnadenia
austriaca* no es muy distinta visualmente a la *Gymnadenia rhellicani* y
solo se diferencia por una inflorescencia que suele ser más corta y por
tener unas brácteas sin denticiones.

Ecología y biología

Como otras plantas de montaña sometidas a duras condiciones de vida, algunas nigritelas han
adoptado una forma de multiplicación autosuficiente llamada apomixis, en la que la formación de semillas ocurre sin polinización ni fecundación. Sin embargo, este no es el caso de la
Gymnadenia rhellicani, una especie alógama cuya reproducción depende de los insectos polinizadores, sobre todo las mariposas, atraídas por su perfume "exótico".

ORQUÍDEA BARBADA

Si en Gran Bretaña las flores verdosas, con un labelo desmesuradamente alargado y dos lóbulos finos, como si fueran las patas traseras y la cola de un reptil, le dan el nombre de *lizard orchid* (orquídea lagarto), en Francia se le llama *boc* debido al olor embriagador que emite su inflorescencia, mientras que en Italia se le conoce como *barbone fetido*, ¡un 'vagabundo apestoso'! Es cierto que esta orquídea no ganaría el premio a la más bella ni a la más delicadamente perfumada, pero seguramente podría competir, debido a su alta estatura y su fisonomía extravagante, en la categoría de "extraordinaria e insólita". Y, dado que también se encuentra entre las orquídeas más comunes, probablemente no estaréis a salvo de su encanto burdo... ¡a poco que cerréis la nariz!

NOMBRE CIENTÍFICO
Himantoglossum hircinum

ALTURA DE LA PLANTA
20-110 cm

PERIODO DE FLORACIÓN
Mayo-julio

PRINCIPALES HÁBITATS
Prados, taludes, límites de bosque

ALTITUD
0-1.000 m

FRECUENCIA Y DISTRIBUCIÓN
Rara. Norte de la península ibérica y parte sudoriental

Descripción

Las grandes hojas de color verde claro a verde amarillento de esta orquídea se agrupan en una roseta bien visible desde el otoño. A menudo comienzan a marchitarse en el mismo momento en que comienza la floración. El tallo presenta una inflorescencia adornada por finas brácteas verdes, con entre veinte y más de cien flores que exhalan un olor desagradable. Los sépalos y los pétalos son de color verde almendra, con vetas de color rojo violáceo en su interior, y se agrupan en una especie de casco que cubre el labelo. El labelo, adornado con manchas moradas en la base, se divide claramente en tres lóbulos afilados, teñido de color oliváceo o marrón rosado. Los lóbulos laterales son finos y ondulados, mientras que el central, enrollado en espiral en el botón floral, se despliega en un canal largo y forzado en el extremo.

Especies parecidas

La *Himantoglossum rebertianum* (pág. 50), mediterránea y muy precoz, con flores de aspecto muy distinto, es la única especie del género *Himantoglossum* en nuestra flora. En el centro de Italia, especialmente, se puede confundir con la *Himantoglossum adriaticum*, muy cercana, pero que tiene flores con una "correa" central más largamente rota.

Posibles confusiones

No existe riesgo de confundir esta orquídea cuando está florecida. En cambio, en invierno, antes de desarrollar el tallo floral, la roseta es difícil de distinguir de la *Himantoglossum robertianum*, que, de todas formas, presenta hojas de un color verde más oscuro y brillante.

Ecología y biología

A finales de primavera, sobre suelos alcalinos, en los campos abandonados, al borde de los caminos y en los taludes herbosos, a menudo acompañada de *Anacamptis pyramidalis* (pág. 16), esta orquídea desarrolla su multitud de serpenteantes flores de colores verde y ciruela. Estas curiosas flores, desagradables a nuestro olfato, cautivan a varios insectos polinizadores (coleópteros e himenópteros), a pesar de producir poco néctar.

ORQUÍDEA GIGANTE

En el mundo más bien secreto de las orquídeas europeas, la orquídea gigante tiene un carácter extravagante. Desde el mes de enero a veces, cuando la vegetación de las garrigas mediterráneas aún se encuentra casi completamente sumergida en el letargo invernal, esta belleza precoz despliega una espiga vigorosa, cargada de numerosas y grandes flores de colores púrpuras que no dejan de atraer la atención... especialmente de las reinas de los abejorros, impacientes por romper su ayuno gracias a esta floración providencial con efluvios azucarados muy delicados. Al final, los himenópteros hambrientos encontrarán poca cosa para calmar su hambre, pero sus esfuerzos asegurarán el transporte del polen de una flor a otra y garantizarán una excelente tasa de fecundación para nuestra planta.

NOMBRE CIENTÍFICO
Himantoglossum robertianum

ALTURA DE LA PLANTA
25-80 cm (110 cm)

PERIODO DE FLORACIÓN
Enero-abril

PRINCIPALES HÁBITATS
Garrigas, taludes, claros, sobre todo en calcáreo

ALTITUD
0-1.200 m (generalmente por debajo de los 700 m)

FRECUENCIA Y DISTRIBUCIÓN
Dispersa por casi toda la península ibérica

Descripción

La orquídea gigante presenta de cinco a diez largas hojas coriáceas, de un atractivo verde lustroso. Su inflorescencia es una espiga alargada de veinte a setenta flores ligeramente perfumadas (olor a lirio). Los sépalos y los pétalos laterales forman un casco abierto, rosado o violáceo, más o menos teñido de verde en la parte exterior, claramente verdoso y moteado de morado en la parte interior. El labelo es trilobulado, con un lóbulo central bífido, alargado en el extremo, y largos lóbulos laterales ondulados. De color rosa muy claro en el centro, con manchas de colores magenta, se va volviendo más oscuro hasta adquirir tonos vinosos o marrón oliváceo en los bordes. Se pueden encontrar algunos individuos casi o totalmente desprovistos de pigmentos rojos. En este último caso, las flores son blancas, sin puntos, y de color verde amarillento en los bordes.

Especies parecidas

Únicamente existe otra especie del género *Himantoglossum* en España: *Himantoglossum hircinum* (pág. 48).

Posibles confusiones

Cuando está florecida es imposible confundirla con ninguna otra especie de nuestra flora. En cambio, en el estadio de roseta, es difícil distinguirla de la *Himantoglossum hircinum*, cuyas hojas, sin embargo, son de un verde más tenue.

Ecología y biología

Como puede comenzar a florecer en invierno, esta planta es una de nuestras orquídeas más precoces. Hoy en día, es una de las más comunes en toda la región mediterránea, ya que coloniza en grupos a veces numerosos las antiguas terrazas de cultivo, los jardines naturales, las orillas de las carreteras, pero hace unos treinta años se consideraba una rareza.

PLANTA HAMBRIENTA

¡Un curioso "espárrago" de color violeta! Así comienza la extraña vida al aire libre de esta planta. Todo empieza bajo los detritos de un bosque de robles, pinos o alisos de Montpellier: una semilla germina, un rizoma cubierto de gruesas raíces se desarrolla gracias a un hongo (del género *Russula*) presente en el suelo, que a su vez está ligado a las raíces de los árboles mediante una estructura simbiótica llamada micorriza. Ocho o diez años más tarde, el "vampiro vegetal" habrá acumulado suficientes reservas nutritivas a expensas del hongo para desarrollar uno o varios tallos robustos, con hojas reducidas a simples escamas que los recubren. Estos "espárragos" pronto se adornarán con flores de color amatista que le dan un aire exótico, y lo harán figurar entre las orquídeas más grandes y hermosas de nuestra región.

NOMBRE CIENTÍFICO
Limodorum abortivum

ALTURA DE LA PLANTA
20-80 cm

PERIODO DE FLORACIÓN
Abril-julio

PRINCIPALES HÁBITATS
Sotobosques, límites de bosque

ALTITUD
0-1.800 m

FRECUENCIA Y DISTRIBUCIÓN
Frecuente en todo el territorio, especialmente en tierra baja y media montaña

Descripción

El rizoma de la planta hambrienta a menudo produce tallos múltiples, rígidos y vigorosos que, en el estadio temprano, parecen un espárrago de color violeta. A lo largo de toda su extensión, los tallos están envueltos por hojas muy cortas y membranosas, poco diferenciadas. Su inflorescencia está compuesta por cuatro a veinticinco grandes flores generalmente de lila a violeta oscuro, que suelen abrirse poco o incluso permanecer completamente cerradas. En el momento de su máxima floración, los sépalos y los pétalos laterales son escalonados, de modo que el sépalo dorsal se encuentra dispuesto contra un ginostemo alargado. El labelo se divide en dos partes. La parte basal es estrecha y de aspecto cartilaginoso, mientras que la parte terminal es más amplia, con los bordes enrollados y acanalados, estriada de violeta. El espolón nectarífero se curva hacia abajo, pegado al ovario.

Especies parecidas

La planta hambrienta es la única especie del género *Limodorum*. Sin embargo, algunas flores elevan a rango de especie la variedad *trabutianum*, con flores provistas de un espolón muy rudimentario, y un labelo que se asemeja a los pétalos, entero, sin una demarcación clara. Esta variedad está presente en toda el área de la especie nominal, especialmente en las regiones mediterráneas.

Posibles confusiones

Cuando está en flor, ninguna otra planta puede confundirse con la planta hambrienta.

Ecología y biología

La planta hambrienta muestra una clara preferencia por los suelos calizos, permeables, de los bosques termófilos. A menudo se la observa en pequeños grupos en los bordes de las carreteras o caminos forestales. Cuando las condiciones no son propicias para su desarrollo completo, se cree que esta planta se eclipsa, periodos durante los cuales la floración puede ocurrir bajo tierra.

NEOTINEA USTULATA

Se trata de una orquídea de tamaño modesto, común en la mayor parte de nuestro país. Su nombre francés (*orchis brûlé*, 'orquídea quemada') se debe a su inflorescencia, cuya cima, formada por botones florales de color rojo oscuro, casi negros, parece quemada en comparación con la base ocupada por las flores completamente abiertas, de colores más claros. Este contraste de colores se va atenuando a medida que la floración avanza. De todas formas, quedan los divertidos labelos, que parecen una especie de muñecos de San Nicolás blancos o de color rosa pálido abotonados con petirrojos. Esta agradable apariencia, junto con un sutil olor meloso, despierta el apetito de una mosca marrón de aspecto poco atractivo, la *Tachina magnicornis*, que asegura el rol de polinizadora, aunque no pueda extraer ni una sola gota de néctar.

NOMBRE CIENTÍFICO
Neotinea ustulata

ALTURA DE LA PLANTA
10-40 cm

PERIODO DE FLORACIÓN
Abril-julio

PRINCIPALES HÁBITATS
Prados

ALTITUD
0-2.400 m

**FRECUENCIA
Y DISTRIBUCIÓN**
Rara en las comarcas
pirenaicas, cornisa cantábrica y
Maestrazgo

Descripción

Esta orquídea presenta unas hojas inmaculadas y una inflorescencia densamente adornada con pequeñas flores de colores diferenciados. Los sépalos, que forman una cápsula corta, son exteriormente de color morado oscuro al inicio de la floración, mientras que el labelo, de forma vagamente hominoide, es blanco con manchas magentas.

Especies parecidas

La *Neotinea ustulata* estaba incluida dentro de un vasto género *Orchis*, hasta que los análisis genéticos la acercaron a la *Neotinea maculata*, planta de flores discretas y con hojas a menudo manchadas, que en ese momento era la única de su género. Actualmente, también forman parte de las *Neotinea* la *Neotinea lactea* y la *Neotinea conica*, especies que tienen flores cubiertas por una cápsula de color rosa claro, teñida de verde en la base, así como la *Neotinea tridentata*, con una inflorescencia corta y sépalos terminados en una punta afilada.

Posibles confusiones

La mayoría de las *Neotinea* son de afinidades meridionales. Este aspecto recuerda a la *Orchis purpurea* (pág. 78), planta que, sin embargo, es mucho más imponente.

Ecología y biología

La *Neotinea ustulata* es una planta de terrenos herbosos, bastante indiferente al sustrato, aunque parece que muestra una preferencia por los suelos calcáreos. Algunas poblaciones tardías a veces se agrupan en una variedad *aestivalis*.

NIDO DE PÁJARO

"¿Esto es una orquídea?" Los aprendices de botánica suelen sentirse perplejos la primera vez que encuentran esta planta completamente beige, sin hojas, que nace, como si fuera un hongo, en el humus de los bosques. Es necesario examinar la flor para darse cuenta de que los caracteres propios de las orquídeas están presentes: órganos sexuales fusionados en forma de ginostemio y labelo diferenciado. Esta planta tiene un nombre pleonástico (tanto el griego *Neottia* como el latín *nidus-avis* significan 'nido de pájaro') que deriva de la forma enroscada de sus raíces, que, sin embargo, recuerda más a un plato de fideos que a un nido de pájaro. Es en las raíces donde se establece la extraña relación que la orquídea mantiene con un hongo micorrízico, un vínculo habitualmente simbiótico que, en este caso, se convierte, para el protagonista vegetal, en un verdadero parasitismo.

NOMBRE CIENTÍFICO
Neottia nidus-avis

ALTURA DE LA PLANTA
15-45 cm

PERIODO DE FLORACIÓN
Mayo-julio

PRINCIPALES HÁBITATS
Bosques frondosos y de coníferas

ALTITUD
0-2.000 m

FRECUENCIA Y DISTRIBUCIÓN
Rara, piso montano de Pirineos, Cataluña, cornisa cantábrica y Levante

Descripción

Sin ninguna parte verde, la nido de pájaro presenta una inflorescencia cilíndrica, adornada con un máximo de treinta flores de color uniformemente pardo o grisáceo, siendo las primeras muy espaciadas y situadas en la parte baja del tallo. Este está recubierto por unas vainas bracteiformes, resultado de la transformación de las hojas. Cubierto por sépalos y pétalos que se unen en un amplio casco, el labelo tiene un aspecto ceroso, nace en la base de una depresión nectarífera poco profunda y se ensancha en dos lóbulos divergentes en su extremo.

Especies parecidas

Estudios filogenéticos han mostrado que las listeras (anteriormente del género *Listera*), orquídeas clorofílicas representadas en Europa por la *Neottia ovata* (pág. 58) y la *Neottia cordata*, estaban estrechamente emparentadas con la *Neottia nidus-avis*, razón por la cual actualmente están clasificadas dentro del género *Neottia*.

Posibles confusiones

Ninguna orquídea puede confundirse con la *Neottia nidus-avis*. Por el contrario, hay que evitar subestimar su parecido con otras plantas sin clorofila, como la *Monotropa hypopitys*, también forestal, con flores en forma de campana agrupadas en la cima de un tallo retorcido, y sobre todo, con algunas especies de orobancáceas, cuyas flores no tienen labelo, sino que están formadas por dos labios con lóbulos más o menos dentados.

Ecología y biología

La *Neottia nidus-avis* suele habitar, a veces de forma aislada, pero más a menudo en pequeños grupos de una decena de individuos, los sotobosques sombríos y frescos, especialmente sobre sustratos alcalinos. Como organismo micoheterótrofo, roba a un hongo del suelo los nutrientes que este obtiene en su simbiosis con los árboles. Los dispositivos que las plantas utilizan habitualmente para llevar a cabo la fotosíntesis, como las hojas y la clorofila, no son necesarios en este caso.

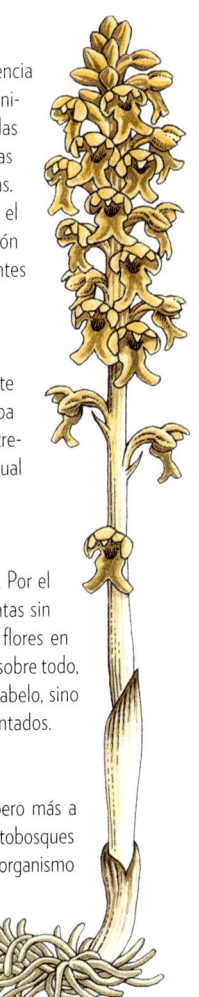

NEOTTIA OVATA

Se trata de una orquídea que sobresale en el arte de pasar desapercibida. Casi totalmente verde, no atrae demasiadas miradas y, aunque puede alcanzar un tamaño respetable, sabe camuflarse perfectamente entre la vegetación que bordea los caminos forestales. Sin embargo, los insectos ávidos de néctar reconocen sin dificultad sus numerosas flores, que dejan escapar a lo largo del labelo un valioso flujo de líquido azucarado. Distribuida por toda Europa, excepto en la parte más meridional, y por Asia hasta la región del Himalaya, esta planta es una de nuestras orquídeas más comunes y abundantes. Incluso puede suavizar con su presencia discreta los hábitats fuertemente alterados por las actividades humanas, como los jardines arbolados o los parques urbanos.

NOMBRE CIENTÍFICO
Neottia ovata

ALTURA DE LA PLANTA
20-80 cm

PERIODO DE FLORACIÓN
Mayo-agosto

PRINCIPALES HÁBITATS
Bosques frondosos

ALTITUD
0-2.400 m

**FRECUENCIA
Y DISTRIBUCIÓN**
Norte y zona oriental de la
península ibérica

Descripción

Esta planta se caracteriza por sus dos (raramente tres) hojas que evocan las del llantén mayor (*Plantago major*). Grandes, ovaladas (como indica el nombre de la planta) y claramente nervadas, están dispuestas casi en oposición en la parte baja del tallo. Su inflorescencia es un racimo discreto de entre veinte y ochenta pequeñas flores completamente verdes o, en algunos casos, con un leve sombreado marrón en los pétalos y sépalos. Las brácteas se reducen a pequeñas escamas. Sépalos y pétalos cubren un labelo bífido, que se ensancha desde la base hasta el extremo, en cuyo centro corre un filamento de néctar alimentado por una diminuta papila nectarífera.

Especies parecidas

Diversos estudios filogenéticos han llevado a ubicar las especies del género *Listera*, en el que durante mucho tiempo estuvo clasificada nuestra planta, dentro del género *Neottia*, que históricamente estaba representado en Europa por una única especie morfológica y biológicamente muy singular, la *Neottia nidus-avis* (pág. 56). Algunos autores antiguos ya habían hecho esta conexión, a pesar de las apariencias engañosas.

Posibles confusiones

La *Neottia ovata* no suele confundirse con otras plantas, incluida la otra *Listera*, la *Neottia cordata*, una planta rara y diminuta, relegada, en nuestras latitudes, a los bosques de montaña musgosos y húmedos.

Ecología y biología

La *Neottia ovata* no es exigente en cuanto a la calidad del hábitat y puede observarse en todo tipo de terrenos boscosos, aunque prefiere los suelos alcalinos y ricos (incluso "enriquecidos") en nitratos. En la montaña, a veces se libera completamente de la cubierta arbórea y se instala a pleno sol en los prados de altura.

ABEJERA

Con las *Ophrys* llegamos al último refinamiento en cuanto a engaño vegetal. Y si no, juzguen ustedes mismos: estas flores llegan a desviar, en beneficio de su reproducción, el deseo sexual de los insectos machos, simulando la apariencia y el olor de individuos hembras. Creyendo que se posan sobre un vientre receptivo, los pobres enamorados de seis patas realizan sobre el labelo lo que comúnmente se denomina una pseudocópula y, de paso, son recompensados con el polen que pronto transferirán a otra "pseudoconquista". Pero la *Ophrys apifera* no se siente culpable por tal engaño. Incluso utilizando todos los artificios visuales propios del género, sus flores optan por la autogamia, o, dicho de otro modo, se fecundan solas, sin que ningún insecto sea explotado en esta operación.

NOMBRE CIENTÍFICO
Ophrys apifera

ALTURA DE LA PLANTA
20-70 cm

PERIODO DE FLORACIÓN
Abril-julio

PRINCIPALES HÁBITATS
Prados, taludes, límites de bosque, huertas

ALTITUD
0-1.700 m

FRECUENCIA Y DISTRIBUCIÓN
Presente en toda la península ibérica

Descripción

La flor de esta planta presenta grandes sépalos blancos o rosa intenso, fuertemente plegados hacia atrás. En la forma clásica, los pétalos son, por el contrario, muy cortos, finos, pilosos, de tono verdoso a rosado. El labelo está abombado, provisto de protuberancias muy marcadas y cubiertas de pelos. El campo basal, marrón amarillento, está delimitado por un dibujo en forma de collar resaltado en color amarillo pálido. Terminada en un apéndice que se enrolla hacia atrás, la parte inferior del labelo, de color marrón oscuro, se adorna con algunas manchas claras. El ginostemo, largo y macizo, termina en un gran pico ondulado. Los granos de polen salen rápidamente de los lugares que los contienen y terminan tocando el estigma, asegurando así la autofecundación.

Especies parecidas

Esta orquídea parece relativamente aislada dentro de su género.

Posibles confusiones

Se debe tener cuidado de no confundirla con la *Ophrys scolopax* (pág. 70), cuyo pico del ginostemo no es tan sinuoso y el apéndice de la extremidad del labelo nunca está plegado hacia atrás.

Ecología y biología

Aunque es raramente abundante, la abejera es, en nuestra región, la más extendida de todas las *Ophrys*. Incluso puede aparecer de manera espontánea en los prados de los parques y jardines urbanos. Entra en expansión cuando la mayoría de las otras orquídeas ya están tocadas, a finales de la primavera, especialmente sobre suelos alcalinos. Su forma de reproducción autógama favorece la aparición de muchas anomalías florales, conocidas como *lusus*, que a veces afectan fuertemente la forma y los colores de los pétalos y del labelo. Los orquidófilos han dado un nombre oficial a la mayoría de estas mutaciones. Entre ellas, vale la pena mencionar la forma *aurita*, en la que los pétalos son alargados, llegando incluso a alcanzar la mitad de la longitud de los sépalos, o la forma *trollii*, con un labelo estrecho y a menudo repleto de manchas claras.

FLOR DE ARAÑA

El aspecto de insecto de las flores de las *Ophrys* siempre ha fascinado a los naturalistas, pero fue necesario esperar hasta finales del siglo XIX para desentrañar la verdadera función biológica de este mimetismo: el engaño sexual dirigido a insectos machos, generalmente abejas salvajes, con fines de polinización. En el caso de la flor de araña, este mecanismo no hace referencia a ningún arácnido, sino que su nombre es, ante todo, una alusión a los motivos del labelo, ni tampoco a una avispa (*sphegodes*, el otro nombre científico que a menudo se usa para esta especie, deriva del griego *sphêx*, que significa 'avispa'), sino a varias abejas solitarias del género *Andrena*. Por lo tanto, no es extraño que la flor de araña dirija su trampa amorosa a lo largo de buena parte de Europa templada y se encuentre con numerosas especies cercanas en las proximidades del Mediterráneo.

NOMBRE CIENTÍFICO
Ophrys aranifera

ALTURA DE LA PLANTA
15-60 cm

PERIODO DE FLORACIÓN
Abril-junio

PRINCIPALES HÁBITATS
Prados, taludes, límites de bosque

ALTITUD
0-1.300 m

FRECUENCIA Y DISTRIBUCIÓN
Frecuente, localizada por toda la península ibérica

Descripción

La flor de araña despliega hasta doce flores de tamaño medio, con sépalos verdes y pétalos apenas algo más oscuros, a veces rojizos. El labelo es marrón, a menudo adornado con pequeñas rugosidades y una mancha en forma de H grisácea o violácea que delimita un campo basal anaranjado. Los falsos ojos son verdosos. El ginostemo está plegado contra el labelo en un ángulo de 60 a 80°.

Especies parecidas

En nuestras regiones, se conoce más de una decena de variantes de la flor de araña. Aunque los criterios para diferenciarlas sean sutiles, generalmente se le da el rango de especie. Entre las más extendidas, cabe mencionar la *Ophrys litigiosa* –u *Ophrys araneola*–; la *Ophrys exaltata arachnitiformis*, con un perianto vívidamente coloreado, y su versión con sépalos mayoritariamente verdes, *Ophrys exaltata marzuola*; la *Ophrys passionis*; la *Ophrys incubacea*, y la *Ophrys provincialis*.

Posibles confusiones

La *Ophrys litigiosa* es fácil de confundir con la *Ophrys exaltata arachnitiformis*, especialmente porque comparten los mismos hábitats. Sin embargo, se diferencia por una floración a menudo más temprana, un labelo más redondeado, claramente manchado de amarillo y que, en relación con los sépalos, parece pequeño. La *Ophrys passionis* se adorna con flores que son más oscuras y más coloreadas.

Ecología y biología

La flor de araña crece bien en zonas herbáceas, sobre suelo calcáreo y seco.

OPHRYS FUCIFLORA

En relación con el nombre científico de esta planta, un debate entre expertos enfrenta a los partidarios del epíteto *fuciflora* con aquellos que prefieren *holosericea* (u *holoserica*). Sin entrar en los detalles de los argumentos de unos y otros, adoptaremos el primer calificativo, que recoge habitualmente las opiniones de los botánicos francófonos y que, además, significa "flor de avispa", más que "flor de abejorro". Sea como fuere, las flores de nuestra *Ophrys*, con un labelo bastante amplio en la base y adornado con motivos marrones y amarillentos, evocan efectivamente a los grandes himenópteros de gran abdomen, y terminan decorando a los machos de algunas especies de abejas silvestres del género *Eucera*. Originaria del oeste europeo, la *Ophrys fuciflora* parece evitar las regiones mediterráneas, donde es reemplazada por especies morfológicamente muy similares.

NOMBRE CIENTÍFICO
Ophrys fuciflora

ALTURA DE LA PLANTA
10-40 cm (hasta 90 cm en el caso de la subespecie *elatior*)

PERIODO DE FLORACIÓN
Mayo-julio

PRINCIPALES HÁBITATS
Prados, antiguas terrazas de cultivo, lugares cubiertos de maleza

ALTITUD
0-1.500 m

FRECUENCIA Y DISTRIBUCIÓN
Rara, citada en Cataluña, País Vasco, y alguna localidad en Andalucía

Descripción

Esta planta despliega flores bastante grandes y muy coloridas. Raramente blancas, incluso verdosas, los sépalos suelen ser de un rosa vivo, al igual que los pétalos. Estos, cortos y triangulares, muestran una fina pilosidad. El labelo, largo y muy visible, con bordes que a veces se enrollan, está adornado en la base con dos rugosidades generalmente romas. En su extremo, un apéndice dentado apunta hacia adelante. La mácula, resaltada en color amarillo pálido, dibuja un motivo simple, que a veces se complica con ramificaciones sinuosas. Delimita un campo basal rojizo u oliváceo.

Especies parecidas

La serie de la *Ophrys fuciflora* ha sido tan descrita en los últimos años que sería completamente tedioso enumerarla aquí. Son muy polimórficas y se hibridan fácilmente, a menudo cuesta diferenciar las especies, subespecies e híbridos que se encuentran en el campo.

Posibles confusiones

En casos raros, la *Ophrys fuciflora* puede presentar un labelo trilobulado, con los bordes aplastados. La semejanza con la *Ophrys scolopax* (pág. 70) se vuelve en este caso impresionante. En la práctica, muchas veces se agrupan bajo el nombre de *Ophrys pseudoscolopax*.

Ecología y biología

La *Ophrys fuciflora* es el emblema del mesobromion, una formación herbácea típica de los suelos calcáreos y medianamente secos.

ORQUÍDEA MOSCA

El nombre común de esta orquídea deriva de *Ophrys muscifera*, uno de los sinónimos de su nombre científico oficial, que literalmente significa '*Ophrys* que lleva moscas'. Y es cierto que sus flores parecen imitar a las grandes moscas marrones, con antenas oscuras y finas y con alas resaltadas con manchas azuladas. Aun así, no son los dípteros a quienes la planta intenta seducir con este disfraz, ni tampoco las abejas, como sería el caso de la mayoría de las *Ophrys*, sino los machos de las especies de avispas del género *Argogorytes*, completamente rayadas de negro y amarillo. La *Ophrys insecti-fera* demuestra aún más originalidad con su tolerancia a los climas fríos, muy alejados de las influencias mediterráneas. De este modo, puede sentirse orgullosa de ser la única *Ophrys* que se acerca, en Escandinavia, a las proximidades del círculo polar.

NOMBRE CIENTÍFICO
Ophrys insectifera

ALTURA DE LA PLANTA
15-70 cm

PERIODO DE FLORACIÓN
Junio-julio

PRINCIPALES HÁBITATS
Prados, taludes, bosques claros

ALTITUD
0-1.600 m

**FRECUENCIA
Y DISTRIBUCIÓN**
Poco frecuente pero muy distribuida por toda Cataluña, País Vasco, Cantabria y Pirineos

Descripción

Las hojas de la orquídea mosca son alargadas, rectas y no forman una roseta diferenciada. El tallo, largo y fino, sostiene una inflorescencia discreta adornada con un máximo de quince flores. Siempre de color verde pálido, los sépalos están arqueados y son de tamaño reducido. Los pétalos parecen filiformes, de un color marrón oscuro, el mismo tono que el labelo. Este labelo se divide en tres lóbulos, con el central partido en dos lóbulos en el extremo, adornado con una mácula central azulada o grisácea bien delimitada. Los lóbulos laterales son estrechos y divergentes. Dos falsos ojos oscuros y brillantes enmarcan la base de un ginostemo muy corto y teñido de un intenso color naranja.

Especies parecidas

La *Ophrys insectifera* aparece como una especie relativamente estable y singular dentro del género *Ophrys*. Solo tiene vinculadas dos especies que a veces son consideradas variedades o subespecies: la *Ophrys aymoninii*, con flores más largas, pétalos verdes y un labelo claramente marcado de amarillo, y la *Ophrys subinsectifera*, cercana a la anterior, pero con flores diminutas, conocida en el norte de España y descubierta recientemente en los Pirineos Orientales.

Posibles confusiones

A veces se encuentran algunos especímenes de *Ophrys insectifera* con el labelo bordeado de un color amarillo o verdoso, lo que puede llevar a confundirlos con *Ophrys aymoninii*. Sin embargo, estas plantas presentan los pétalos oscuros y las bolsas de polen anaranjadas propias de su especie, lo que permite diferenciarlas.

Ecología y biología

La orquídea mosca prefiere los suelos calcáreos, más bien secos, con vegetación escasa. Aun así, en algunas circunstancias, acepta coberturas herbosas densas, así como sustratos ligeramente ácidos y moderadamente húmedos.

FLOR DE ABEJA AMARILLA

Con esta orquídea, un verdadero rayito de sol de las garrigas, el orquidófilo principiante se tranquiliza y se emociona: finalmente, una orquídea que, en nuestras regiones, no se presta a ninguna confusión y que se puede reconocer a simple vista. El amarillo luminoso de su labelo, que rodea un "corazón" marrón formado por dos ventrículos claros, le da nombre, identifica esta planta y la convierte en una de las joyas de nuestra orquidoflora. La *Ophrys lutea*, conocida como flor de abeja amarilla, ocupa un área de distribución esencialmente mediterránea y submediterránea, desde Portugal hasta Grecia, pasando por las costas argelinas y tunecinas. En nuestra región, desde finales de marzo, alegra los prados secos y rocosos.

NOMBRE CIENTÍFICO
Ophrys lutea

ALTURA DE LA PLANTA
10-30 cm

PERIODO DE FLORACIÓN
Marzo-mayo

PRINCIPALES HÁBITATS
Prados claros, garrigas

ALTITUD
0-700 m

**FRECUENCIA
Y DISTRIBUCIÓN**
Frecuente en todo el territorio

Descripción

La flor de abeja amarilla generalmente presenta menos de ocho flores, bastante grandes si se tiene en cuenta el tamaño modesto de la planta. Los sépalos son verdes, con el dorsal apoyado contra el ginostemo. Los pétalos son cortos, de color amarillo verdoso. El labelo, abruptamente soldado en la base, está formado por tres lóbulos. El centro es marrón y presenta dos máculas grisáceas o violáceas, mientras que los bordes están claramente teñidos de un amarillo vivo.

Especies parecidas

La flor de abeja amarilla forma parte de la sección *Pseudophrys*, que reúne las especies en las que el polinizador adopta, en el momento de la falsa cópula, una posición abdominal: la cabeza se sitúa en el extremo del labelo y el abdomen, al tocar la cavidad estigmática, transporta los polinios. Este grupo incluye la *Ophrys funerea*, que se considera equivalente a la *Ophrys zonata*, y la *Ophrys sulcata*, con un pequeño labelo marcado por un profundo surco central; la *Ophrys foresteri* (= *Ophrys lupercalis*), precoz, con un labelo marrón adornado con grandes máculas; la *Ophrys marmorata* (= *Ophrys bilunulata*), que engloba a la *Ophrys delforgei*, con pequeñas flores de labelo plano, amarillo en los bordes y a veces variable, y la *Ophrys vasconica*, con un labelo en forma de guante de boxeo decorado con una omega blanca.

Posibles confusiones

La flor de abeja amarilla es fácilmente identificable y, en nuestro territorio, no presenta mucho riesgo de confusión.

Ecología y biología

Los suelos calcáreos, bien expuestos y con vegetación escasa, son los preferidos por la flor de abeja amarilla.

ABEJERA BECADA

Como su nombre común indica, es con el mundo de los insectos con quien esta orquídea (como todas las de su género) tiene relaciones más profundas: sus flores, con sépalos que normalmente son rosas, y un labelo en forma de pequeña ánfora armado con dos "cuernos" laterales vellosos, atraen efectivamente a los machos de abejas solitarias del género *Eucera*. Con afinidades con el oeste mediterráneo, la flor de la araña se vuelve más rara y difícil de encontrar a medida que nos dirigimos hacia el este y el norte, donde la *Ophrys fuciflora* (p. 64) y otras especies muy cercanas se vuelven predominantes.

NOMBRE CIENTÍFICO
Ophrys scolopax

ALTURA DE LA PLANTA
10-60 cm

PERIODO DE FLORACIÓN
Marzo-junio

PRINCIPALES HÁBITATS
Prados, garrigas

ALTITUD
0-1.100 m

**FRECUENCIA
Y DISTRIBUCIÓN**
Extendida por toda la
península ibérica

Descripción

Las flores de esta orquídea se embellecen con sépalos rosas (raramente blancos o verdosos), pétalos igualmente rosas, en forma de triángulo fino que no llega a la mitad de los sépalos, y un labelo trilobulado. Mientras que cada lóbulo lateral se eriza en una fina rugosidad, el lóbulo central termina en un apéndice girado hacia adelante, que se enrolla lateralmente. Se adorna con una cresta destacada de color blanco cremoso, que forma una H simple o una figura más compleja, perforada con pequeños ojos. El pico del ginostemo puede ser más o menos largo, pero nunca es sinuoso.

Especies parecidas

La abejera becada está vinculada a un grupo de taxones difíciles de definir. Mencionaremos la estival *Ophrys santonica*, con pequeñas flores abombadas, con los bordes de color amarillo, de distribución más localizada; la *Ophrys corbariensis*, localizada en Navarra, con grandes flores también tardías, y, finalmente, la *Ophrys picta*, una versión reducida de la primera.

Posibles confusiones

Hay que tener cuidado a no confundirla con la *Ophrys apifera* (pág. 60), cuyas flores presentan un ginostemo con un pico sinuoso y un labelo globoso, provisto de un apéndice doblado hacia atrás. Por el contrario, las similitudes con la *Anacamptis morio* pueden causar problemas, ya que esta última tiene flores con un labelo trilobulado y con los bordes muy plegados. A veces agrupadas bajo el nombre de *Ophrys pseudocolopax*.

Ecología y biología

La abejera becada prospera en medio del sol o en semisombra, entre la escasa hierba de las laderas calcáreas.

FLOR DEL HOMBRE AHORCADO

La flor del hombre ahorcado es una orquídea más bien discreta, a pesar de ser común y a veces abundante en las laderas soleadas de las regiones calcáreas. De apariencia menos fúnebre de lo que su nombre común sugiere, parece mostrar, más que una macabra superposición de horcas en miniatura, una divertida guirnalda de pequeños elfos con brazos desproporcionados y piernas cortas, cada uno de los cuales llevaría por sombrero media grosella espinosa. Durante mucho tiempo, los botánicos han aislado esta especie dentro del género *Aceras*, término que proviene del griego y significa 'sin cuernos', porque, a diferencia de otras especies del género *Orchis*, del cual actualmente forma parte, sus flores carecen de espolón, lo que no impide que se hibride con varias *Orchis*.

NOMBRE CIENTÍFICO
Orchis anthropophora

ALTURA DE LA PLANTA
10-40 cm

PERIODO DE FLORACIÓN
Abril-junio

PRINCIPALES HÁBITATS
Prados, garrigas, lugares incultos

ALTITUD
0-1.600 m

FRECUENCIA Y DISTRIBUCIÓN
Rara en casi toda la península ibérica

Descripción

La flor del hombre ahorcado presenta una roseta de hojas de color verde grisáceo, a menudo algo falciformes. Su inflorescencia alargada está formada
por hasta cincuenta flores con un labelo antropomorfo y colgante, sin espolón, de color amarillo verdoso o, más comúnmente, teñido de rojo coralino.
Las brácteas son muy poco aparentes. Verdes y rodeados de tonos rojizos,
los sépalos forman, junto con los pétalos, un casco semiesférico cerrado.

Especies parecidas

La frecuencia de los híbridos que implican a las siguientes especies da
testimonio de ello, y los análisis moleculares lo confirman: la flor del
hombre ahorcado está estrechamente emparentada con la *Orchis mili-*
taris (pág. 76), la *Orchis purpurea* (pág. 78) y la *Orchis simia* (pág. 80).
Con esta última, la hibridación produce generalmente individuos más
robustos que sus progenitores, variables en términos de color, pero muy
fácilmente identificables.

Posibles confusiones

Por su morfología singular, la flor del hombre ahorcado no puede confundirse
fácilmente con ninguna otra planta y, dejando de lado la confidencial y minús-
cula *Neottia cordata*, ninguna otra orquídea de nuestra flora presenta flores
que recuerden de manera tan clara una silueta humanoide. De este modo,
la *Coeloglossum viride* (pág. 22), aunque ofrece aproximadamente la misma
gama de colores, se diferencia claramente del hombre ahorcado por sus flores
con un labelo más ancho, sin "brazos" y dotado de un espolón nectarífero, así
como por sus brácteas verdes bien visibles.

Ecología y biología

La flor del hombre ahorcado generalmente prospera bien a pleno sol, en
suelos calcáreos, a menudo pedregosos e incluso áridos
en verano, pero que en la estación de lluvias pueden
inundarse temporalmente. Al contrario de lo que
suele decirse, esta especie no suministra néctar a sus
polinizadores, una regla que prevalece en todos los
especímenes del género *Orchis*.

SATIRIÓN MANCHADO

Se la llama *mascula* (macho) seguramente por haber observado sus flores de perfil, con su gran espolón violáceo, impúdicamente erguido y abombado en el extremo. Nuestro pequeño "sátiro" es igualmente conocido en las zonas rurales con varios nombres populares que evocan aspectos de su imagen, ya sea por sus colores púrpuras (sopa de vino), su período de floración (Pentecostés), o incluso por las formas sugerentes de sus flores o de sus tubérculos (testículo de perro, macho loco), características que, por otro lado, comparte con diversas orquídeas autóctonas. Común en la mayor parte de nuestras regiones, la *Orchis mascula* extiende su área de distribución desde el norte de África hasta Anatolia, y hasta Escandinavia, más allá del círculo polar. Dentro de este amplio territorio, está rodeada por muchas especies afines, que a menudo son difíciles de diferenciar.

NOMBRE CIENTÍFICO
Orchis mascula

ALTURA DE LA PLANTA
20-60 cm

PERIODO DE FLORACIÓN
Abril-mayo

PRINCIPALES HÁBITATS
Prados, taludes, bosques claros

ALTITUD
0-2.200 m

**FRECUENCIA
Y DISTRIBUCIÓN**
Presente en todo el territorio
peninsular y Baleares

Descripción

Raramente inmaculadas, las hojas del satirión manchado suelen estar salpicadas de manchas oscuras o violáceas. Su inflorescencia está más o menos densamente cargada de flores de color morado, a veces rosa claro o incluso blancas, sin partes verdes. El sépalo dorsal y los pétalos se dirigen hacia adelante, mientras que los sépalos laterales están erguidos. Poco convexo, punteado con pequeñas manchas y más pálido en el centro, el labelo está formado por tres lóbulos bastante cortos, y el central está dividido en dos. El espolón es ascendente.

Especies parecidas

En la región mediterránea, la *Orchis mascula* ha sido reemplazada por la *Orchis olbiensis*, más esbelta, con flores más numerosas y más pálidas. La *Orchis langei*, más alargada y pauciflora, ha sido descrita en algunos puntos de los Pirineos. Estas especies, estrechamente emparentadas, a veces se sitúan aparte en el género *Androrchis*.

Posibles confusiones

Las especies que acabamos de mencionar suelen confundirse con la *Orchis mascula*, cuyas formas descoloridas pueden recordar igualmente a la *Orchis provincialis*, de hojas blanquecinas o de color amarillo pálido, que solo se encuentra en el cuarto sureste del país. No debería haber confusión con la *Anacamptis morio* (pág. 14), ya que esta presenta sépalos marcados con una nervadura verde.

Ecología y biología

Poco exigente en cuanto a la naturaleza del suelo y las condiciones de exposición, el satirión manchado puede ocupar una gran variedad de hábitats. En algunas zonas, abunda en los taludes y bosquecillos. Florece temprano, generalmente antes de que los árboles desarrollen sus hojas.

ORCHIS MILITARIS

¿Faltó inspiración al padre de la clasificación moderna, Carl von Linné, "inventor" de tantos nombres de especies animales y vegetales, cuando calificó esta orquídea como "militar"? Porque no parece haber evidencia de que se pueda reconocer ningún atributo marcial en esta planta de flores con labelos esbeltos, adornados con ornamentos de color violáceo, y cubiertos por un casco, o más bien por capuchas de monja de color malva. Donde el espíritu estratega se hace notar en nuestro "soldado rosa" es en el mundo de la atracción de polinizadores, porque esta orquídea forma parte de las que emplean la táctica del "engaño sobre el valor nutritivo" para atraer insectos, dándole la apariencia de una planta que produce néctar... Sin embargo, Linné desconocía por completo esta guerra de mentiras.

NOMBRE CIENTÍFICO
Orchis militaris

ALTURA DE LA PLANTA
20-60 cm

PERIODO DE FLORACIÓN
Abril-junio

PRINCIPALES HÁBITATS
Prados y bosques claros

ALTITUD
0-2.200 m

**FRECUENCIA
Y DISTRIBUCIÓN**
Bastante frecuente en el cuadrante nororiental de la península ibérica

Descripción

La *Orchis militaris* tiene grandes hojas ovaladas o lanceoladas. Sus flores muestran un amplio casco de sépalos y pétalos conniventes, de color lila pálido por fuera, adornados con tonos morados en el interior. El labelo, con un corazón adornado con pequeños flecos violáceos sobre un fondo rosa muy claro, se divide en tres lóbulos. Los lóbulos laterales forman una especie de pequeños brazos ligeramente curvados, mientras que el lóbulo central, fino al principio, se ensancha bruscamente en dos lóbulos separados por un pequeño diente.

Especies parecidas

La *Orchis militaris* pertenece a la sección de las *Orchis* "auténticas", en la que también encontramos a la *Orchis purpurea* (pág. 78), la *Orchis simia* (pág. 80) y la flor del hombre ahorcado (*Orchis anthropophora*, pág. 72), por mencionar solo las especies presentes en nuestra región. Estas especies pueden hibridarse entre ellas, de manera más o menos regular.

Posibles confusiones

La *Orchis purpurea* y la *Orchis militaris* se asemejan en varios aspectos, pero las flores de la primera, generalmente más anchas, están adornadas con un casco de pétalos y sépalos de color rojo granate oscuro que contrasta claramente con el labelo. La situación se complica cuando nos encontramos con híbridos, que a veces pueden volverse dominantes cuando las dos especies crecen de manera mezclada. Distinguir entre las plantas "puras" y las plantas "mestizas" puede ser igualmente un asunto delicado también en el caso de la *Orchis simia*.

Ecología y biología

De todas las orquídeas mencionadas hasta aquí, la *Orchis militaris* es la menos exigente en cuanto al frío, llega a crecer en Suecia y Siberia hacia el norte y se eleva hasta el estrato subalpino en la montaña. Se encuentra en su óptimo en los terrenos calcáreos herbosos, bastante soleados y no demasiado afectados por la sequedad estival.

ORQUÍDEA DE DAMA

Poéticamente, los británicos la llaman *lady orchid*... Con su gran labelo manchado, que se ensancha de arriba abajo, es cierto que la flor de la orquídea de dama puede parecer un vestido largo con puntos, mientras que la cofia de sépalos y pétalos evoca los sombreros que antes llevaban las personas elegantes. Extendida por la mayor parte de nuestro territorio, como ocurre en toda Europa templada hasta el Cáucaso, esta planta se encuentra entre las orquídeas autóctonas más imponentes y notables. Desde el mes de abril en las regiones meridionales, a veces en grupos formados por cientos de individuos, ilumina los prados, los bosques claros y los taludes calcáreos con sus grandes inflorescencias multiflorales de colores muy contrastados... ¡Un espectáculo primaveral de los más agradables!

NOMBRE CIENTÍFICO
Orchis purpurea

ALTURA DE LA PLANTA
30-80 cm

PERIODO DE FLORACIÓN
Abril-junio

PRINCIPALES HÁBITATS
Prados, bosques claros

ALTITUD
0-1.800 m

**FRECUENCIA
Y DISTRIBUCIÓN**
Rara, presente en regiones
mediterráneas y piso montano
de la mitad oriental de la
península ibérica

Descripción

La orquídea de dama despliega un racimo de grandes hojas inmaculadas, de color verde brillante. El tallo robusto, teñido de morado en la parte superior, sostiene una inflorescencia densa formada por entre veinticinco y cien grandes flores (a veces mucho más, excepcionalmente hasta doscientas cincuenta). Los sépalos y los pétalos se unen en la parte frontal para formar un casco corto, exteriormente saturado de color rojo granate o violeta muy oscuro. El labelo, trilobulado, con los bordes adornados de morado, está cubierto de pequeñas papilas del mismo color sobre un fondo casi blanco. Los lóbulos laterales son estrechos y escalonados. El lóbulo central se ensancha desde la base hacia el extremo y se divide en dos lóbulos separados por un pequeño diente.

Especies parecidas

En la clasificación científica, esta planta pertenece a la sección de las *Orchis* "auténticas", que se asemejan a la *Orchis militaris* (pág. 76), a la *Orchis simia* (pág. 80) y a la flor del hombre ahorcado (*Orchis anthropophora*, pág. 72). Estas son las únicas especies, entre todas las orquídeas presentes en nuestro territorio, que pueden hibridarse de forma natural.

Posibles confusiones

La *Orchis militaris* se le asemeja bastante, pero sus flores son más esbeltas y el color del casco, gris liloso pálido, difiere menos del del labelo. Sin embargo, los híbridos que implican *Orchis militaris* y *Orchis purpurea* son habituales y producen plantas con caracteres intermedios que pueden presentar problemas de identificación. Con la *Orchis simia*, los híbridos son menos frecuentes y generalmente se reconocen con facilidad.

Ecología y biología

La orquídea de dama crece en las garrigas arboladas, los prados abandonados, las crestas, generalmente sobre un sustrato preferentemente seco y calcáreo. Acepta la sombra ligera de los bosques de árboles frondosos, en los cuales florece en el momento en el que los árboles sacan las hojas.

ORCHIS SIMIA

Es sin duda la más traviesa de nuestras orquídeas, con sus flores que efectivamente recuerdan a pequeños monos rosados y blancos adornados con grandes cascos coloniales. Y para añadir a su carácter caprichoso, los botones situados en la parte superior de la inflorescencia son los primeros en abrirse, una particularidad rara en nuestra flora y ciertamente única entre las orquídeas autóctonas. De todos modos, sus excentricidades no le impiden cohabitar frecuentemente con otras orquídeas que ocupan los costeros calcáreos bien soleados, especialmente la *Orchis militaris* (pág. 76), la orquídea de dama (*Orchis purpurea*, pág. 78) o la flor del hombre ahorcado (*Orchis anthropophora*, pág. 72). Esta promiscuidad da lugar a la fatal aparición de híbridos que pueden desconcertar al observador poco experimentado.

NOMBRE CIENTÍFICO
Orchis simia

ALTURA DE LA PLANTA
20-50 cm

PERIODO DE FLORACIÓN
Abril-junio

PRINCIPALES HÁBITATS
Prados y bosques claros

ALTITUD
0-1.500 m

**FRECUENCIA
Y DISTRIBUCIÓN**
Presente en Prepirineos,
Pirineos, sierra de Cazorla y
Baleares

Descripción

La *Orchis simia* presenta hojas ovaladas sin manchas, de color verde brillante. Su inflorescencia, que florece de arriba abajo, es densa, con unas cincuenta flores como máximo. A menudo de color morado en el interior, lila pálido y finamente manchada por fuera, los sépalos están estirados en punta y se encuentran con los pétalos hacia adelante para formar un amplio casco. Los dos lóbulos laterales del labelo, filiformes, recubiertos de rosa violado y que se enrollan sobre sí mismos, enmarcan un lóbulo central fino y cubierto de numerosos pequeños filamentos del mismo color sobre un fondo casi blanco. Estos se prolongan en dos "piernas" finas entre las cuales se intercala un apéndice igualmente de color rosa violado y curvado hacia adelante. El espolón es descendente y dos veces más corto que el ovario.

Especies parecidas

Emparentada con la *Orchis militaris* y con la *Orchis purpurea*, la *Orchis simia* se encuentra igualmente cercana a la flor del hombre ahorcado. La abundancia de híbridos entre todas estas especies confirma aún más esta proximidad.

Posibles confusiones

Por sus colores, la *Orchis militaris* recuerda a la *Orchis simia*, pero esta última presenta una inflorescencia más compacta y flores de aspecto más desordenado. Al contrario, cuando estas dos especies son vecinas en el terreno, las diferencias a veces prácticamente desaparecen como resultado de la frecuencia del fenómeno de hibridación.

Ecología y biología

La *Orchis simia* suele seguir a la *Orchis militaris* en los prados secos y los llanos calcáreos, ya sea a pleno sol o a la ligera sombra de los árboles dispersos. Las zonas rocosas no la limitan, pero le cuesta tolerar los largos períodos áridos del clima mediterráneo. Como es habitual entre las *Orchis*, sus flores no tienen néctar y su estrategia para atraer a sus polinizadores, entre los cuales se encuentra la *Hemaris fuciformis*, consiste en la imitación de las plantas nutritivas.

SATIRIÓN OFICINAL

Es cierto que no tiene el esplendor de sus primas de Norteamérica, con flores de colores cálidos y un labelo delicadamente rayado. Sin embargo, con su espiga regular, adornada con grandes flores blancas, cada una de ellas con una lengua fina en el extremo de color verde pistacho, la *Platanthera bifolia* no carece de atractivos. Pero sus encantos, para ser sinceros, los dirige hacia sus polinizadores, generalmente mariposas nocturnas, que se apresuran, cuando llega la noche, guiadas por su exquisito perfume, a extraer el néctar del fondo de interminables espolones afilados. Con casi el mismo dispositivo de seducción y casi tan extendida como ella, la *Platanthera chlorantha* solo se diferencia por criterios muy poco evidentes relacionados con la disposición de los polinios.

NOMBRE CIENTÍFICO
Platanthera bifolia

ALTURA DE LA PLANTA
15-90 cm

PERIODO DE FLORACIÓN
Mayo-agosto

PRINCIPALES HÁBITATS
Landas, prados, bosques claros

ALTITUD
0-2.200 m

FRECUENCIA Y DISTRIBUCIÓN
Poco frecuente en la mitad septentrional de la península ibérica

Descripción

Como su nombre indica, esta planta tiene dos hojas, raramente más, dispuestas en la base del tallo. Su inflorescencia, algo tímida, contiene hasta una treintena de flores blancas, más o menos matizadas de color verde. Los sépalos laterales son escalonados, mientras que el sépalo dorsal forma, junto con los pétalos, un casco puntiagudo por encima de un labelo entero, en forma de lengua, teñido de colores verdosos. Los polinios paralelos enmarcan la garganta de un espolón filiforme.

Especies parecidas

Nuestro territorio cuenta con dos especies más del género *Platanthera*: la *Platanthera chlorantha* (satirión verde) y la *Platanthera algeriensis*. Esta última, muy localizada en España, posee flores completamente verdes.

Posibles confusiones

Morfológicamente muy cercana a la *Platanthera chlorantha*, con la que comparte, entre otras cosas, el mismo período de floración y a veces los mismos hábitats, la *Platanthera bifolia* solo se puede distinguir con un examen atento de su ginostemo. En el caso de esta última, los dos polinios son próximos y paralelos, mientras que en el caso de su casi gemela, son divergentes y separados. En el híbrido entre ambas especies, que siempre es difícil de identificar, este carácter es intermedio.

Ecología y biología

El satirión oficial se encuentra presente en una gran diversidad de hábitats: marismas, turberas, llanuras calcáreas, bosques interrumpidos por claros, prados de montaña, etc. Condiciones de vida tan variadas influyen en el aspecto y la floración de las plantas. De esta manera, se ha podido describir una variedad robusta, característica de las landas húmedas y frescas, cuyas flores son más pequeñas y se despliegan más tarde.

PSEUDORCHIS ALBIDA

Como su nombre indica, esta orquídea realmente no parece una orquídea. En la opulencia de los prados de montaña durante el verano, sus pequeñas flores pálidas y tímidamente abiertas pasan a un segundo plano frente a los deslumbrantes colores de las *Gymnadenia* y otras *Dactylorhiza*. Además, esta modesta orquídea blanquecina ha supuesto muchos problemas para los taxónomos, quienes recurrentemente la han incluido dentro de una multitud de géneros diferentes: *Satyrium*, *Habernaria*, *Leucorchis* o incluso *Gymnadenia*... antes de aislarla durante mucho tiempo dentro del género *Pseudorchis*. Si, por el contrario, hay un terreno en el que destaca, es en su perfume. De esta manera, atrae los favores de las pequeñas mariposas polinizadoras, seducidas por su fragancia azucarada, razón por la cual hereda otro nombre vulgar aún más halagador: orquídea de miel.

NOMBRE CIENTÍFICO
Pseudorchis albida

ALTURA DE LA PLANTA
8-40 cm

PERIODO DE FLORACIÓN
Junio-agosto

PRINCIPALES HÁBITATS
Prados alpinos, bosques claros

ALTITUD
600-2.700 m

**FRECUENCIA
Y DISTRIBUCIÓN**
Presente en los Pirineos y
costa cantábrica

Descripción

Esta orquídea presenta unas hojas oblongas, dispuestas a lo largo de un tallo alargado. Su inflorescencia lleva hasta unas sesenta pequeñas flores poco abiertas, completamente de color blanco amarillento o verde chartreuse. Cubierta con sépalos y pétalos reunidos en un casco, el labelo muestra tres "dientes", siendo el medio normalmente más fuerte y largo que los laterales. El espolón es descendente y abombado.

Especies parecidas

El género más cercano a las *Pseudorchis* es el de las *Platanthera*, del cual la *Pseudorchis albida* es su único representante. Sin embargo, este no forma híbridos con las *Platanthera* y no se puede confundir con ellas. Los híbridos intergenéricos que implican a las *Dactylorhiza* o a las *Gymnadenia*, aunque muy raros, han sido descritos y son fácilmente identificables.

Posibles confusiones

La *Heminium monorchis*, otra orquídea aromática, recuerda a nuestra orquídea por sus colores apagados. Aparte de esto, es aún más pequeña en todas sus partes, y sus flores no tienen espolón. También es mucho más rara, y en nuestro territorio se encuentra restringida a algunas marismas y prados del norte y del este.

Ecología y biología

Al norte de Europa la *Pseudorchis albida* se encuentra en las llanuras, pero en nuestras latitudes es una planta exclusivamente montañosa. Se puede observar tanto en los prados secos como en las turberas, tanto al sol como a la sombra clara de los alerces, pero prefiere los sustratos ácidos. Sin embargo, existe una variedad *tricuspis*, que se dice que es endémica de los terrenos alcalinos y se caracteriza por tener un labelo cuyos lóbulos laterales son mucho más largos que el central.

SERAPIA

Independientemente de la especie, una planta de *Serapias* siempre se presenta así: una multitud de lengüetas muy pendientes, normalmente rosadas o escarlatas, que brotan de un conjunto de pequeños capuchones puntiagudos. Este retrato rápido concuerda, por definición, plenamente con esta orquídea, cuya famosa "lengua" corresponde a la parte terminal del labelo, ya que la parte inferior permanece oculta dentro del estrecho estuche formado por los sépalos. Multiplicándose fácilmente por vía vegetativa, esta pequeña planta rara vez se ve aislada, sino que tiende a formar enjambres que pueden llegar a ser especialmente compactos. ¡Qué fascinante atracción, lamentablemente cada vez menos frecuente, un prado en el que cientos de estas orquídeas nos muestran todas a la vez sus pequeñas lenguas de color rosa!

NOMBRE CIENTÍFICO
Serapias lingua

ALTURA DE LA PLANTA
10-40 cm

PERIODO DE FLORACIÓN
Marzo-junio

PRINCIPALES HÁBITATS
Prados de césped fino, prados húmedos

ALTITUD
0-1.200 m

FRECUENCIA Y DISTRIBUCIÓN
Presente en las comarcas litorales y prelitorales del norte de Cataluña, mitad occidental de la península ibérica y Pirineos

Descripción

La inflorescencia de la serapia presenta de dos a ocho flores. Los sépalos forman una cápsula tubular cerrada, que oculta totalmente los pétalos y el ginostemo. De ella sobresale un labelo que mide menos de 30 mm, compuesto por un hipoquilo con lóbulos de color morado oscuro, adornado con una callosidad oscura, en forma de grano de café, y un epiquilo rosa, a veces amarillento o de color carmesí.

Especies parecidas

Nuestra región cuenta con cuatro especies de *Serapias*, todas ellas de afinidades meridionales. La más común es la *Serapias vomeracea*. Esta presenta dimensiones florales más grandes que la *Serapias lingua*.

Posibles confusiones

La *Serapias parviflora*, muy localizada en las comarcas costeras de Barcelona y el Ampurdán, se caracteriza, como su nombre indica, por tener flores con un labelo diminuto (menos de 20 mm).

Ecología y biología

La serapia prefiere los medios herbosos, sobre un suelo limoso o arcilloso, neutro o ligeramente ácido. En el caso de las demás *Serapias*, el tubo formado por las piezas florales constituye, para varios himenópteros, un refugio acogedor en caso de mal tiempo o para pasar la noche. Los insectos se marchan con la cabeza cubierta de polen, lo que permitirá la fecundación de otra "flor refugio". Pero, como en el caso de las *Ophrys*, las serapias han desarrollado una estrategia de polinización basada especialmente en el engaño sexual: la callosidad del labelo, negra y brillante, simula, para los machos de la abeja *Ceratina cucurbitina*, el abdomen de una hembra.

SPIRANTHES SPIRALIS

Desde el final del verano, cuando la mayoría de nuestras plantas favoritas ya no son visibles, excepto en forma de lamentables vestigios secos, esperamos febrilmente su aparición... Y cuando finalmente se muestra, impulsada por las lluvias de las tormentas, siempre nos causa una fuerte impresión en el corazón, porque es la señal de que la estación de las orquídeas silvestres pronto terminará... hasta la próxima primavera. Sorprendente, la *Spiranthes spiralis* lo es por esta floración tan tardía; es la única orquídea que en nuestra región sigue un ciclo tan diferente al de las demás. También lo es por su graciosa inflorescencia retorcida, que no aparece en el centro de la roseta de las hojas, sino un poco descentrada, desde la tierra desnuda. Finalmente, también lo es por sus pequeñas flores, discretas pero que difunden un delicado perfume a vainilla.

NOMBRE CIENTÍFICO
Spiranthes spiralis

ALTURA DE LA PLANTA
6-30 cm

PERIODO DE FLORACIÓN
Septiembre-noviembre

PRINCIPALES HÁBITATS
Garrigas, prados

ALTITUD
0-1.400 m

FRECUENCIA Y DISTRIBUCIÓN
Presente en toda la península ibérica, más frecuente en el norte y oeste, también en Baleares

Descripción

Durante el invierno y la primavera, esta planta forma una roseta de hojas cortas, ancladas al suelo, de un color verde oscuro muy agradable. En el momento de la floración, en otoño, esta roseta desaparece y da paso a la vara floral junto a la cual aparece una nueva roseta. La inflorescencia está compuesta por brácteas puntiagudas, cubiertas de pelos glandulosos, y de seis a treinta pequeñas flores blancas que se enrollan en espiral alrededor del tallo. El labelo, almenado en la base, forma una especie de tubo junto con los pétalos y el sépalo dorsal.

Especies parecidas

Spiranthes es un género representado en el continente europeo. Una especie principalmente norteamericana, *Spiranthes romanzoffiana*, se conoce en algunas localidades de Irlanda y en las Islas Británicas. Además de la *Spiranthes spiralis*, en España solo se encuentra la *Spiranthes aestivalis*, una especie rara de las zonas húmedas que está bajo estricta protección.

Posibles confusiones

La *Spiranthes spiralis* se parece mucho a la *Spiranthes aestivalis*. Ambas florecen de manera precoz, aunque la última presenta una inflorescencia menos florífera y que surge del centro de una roseta de hojas más finas. Tampoco debe confundirse con la *Goodyera repens* (pág. 42), planta forestal cuyas flores, cubiertas de pelos cortos, no están dispuestas de una forma claramente helicoidal.

Ecología y biología

Le gustan los prados de hierbas rasas y las garrigas. Todavía abunda en algunas regiones meridionales, pero está en regresión en muchas otras zonas, especialmente debido al abandono de la ganadería extensiva y al uso de fertilizantes químicos.

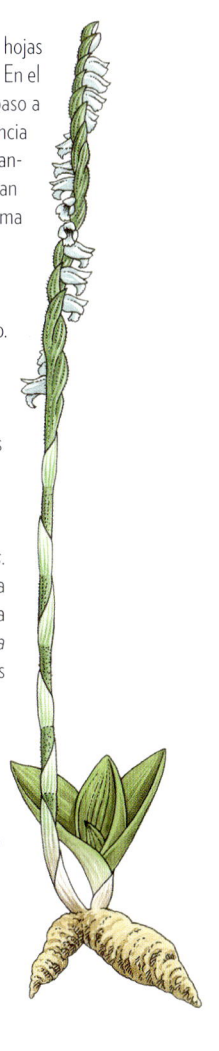

TRAUNSTEINERA GLOBOSA

Esta planta emblemática de los prados alpinos se escapa de su mundo: con sus hojas alargadas, de color verde azulado, sus pequeñas flores rosas o moradas, reunidas en una especie de bola en la cima de un tallo largo, se la podría confundir, si no se observa con atención, no con una orquídea, sino con una especie de ajo o cebolla salvaje. Para las abejas melíferas, en cambio, su inflorescencia evoca irresistiblemente al trébol rojo (*Trifolium pratense*), en cuyas colonias muchas veces se mezcla. Gracias a la atracción del trébol (y a la escasa vista de los insectos engañados), la *Traunsteinera globosa*, que no tiene néctar, se beneficia de una polinización "colateral", sin ningún gasto energético por su parte.

NOMBRE CIENTÍFICO
Traunsteinera globosa

ALTURA DE LA PLANTA
20-70 cm

PERIODO DE FLORACIÓN
Junio-agosto

HÁBITATS
Pastos alpinos

ALTITUD
500-2.700 m

**FRECUENCIA
Y DISTRIBUCIÓN**
Esta planta había sido
referenciada en los Pirineos

Descripción

Planta de porte muy erguido, la *Traunsteinera globosa* presenta hojas de color verde glauco (un matiz no muy común entre las orquídeas autóctonas), en forma de larga lanza y dispuestas a lo largo de un tallo fino. Su inflorescencia es una espiga corta y muy densa, constituida por entre veinticinco y cien pequeñas flores de color que varía desde el rosa pálido hasta el lila oscuro. Los pétalos y sépalos, reunidos en un pequeño capucho, se prolongan en un elegante hilo espatulada. Puntuada con pequeñas manchas de color magenta por toda su superficie, el labelo se divide en tres lóbulos, el central de los cuales suele terminar en una punta afilada. El espolón está marcado por pequeñas cicatrices, doblado hacia abajo.

Especies parecidas

Únicamente existe otra especie de *Traunsteinera*: *Traunsteinera sphaerica*, cuyas flores son de color blanco cremoso y tiene un área de distribución circunscrita al Cáucaso y Anatolia. Orquídea aparentemente atípica, la *Traunsteinera globosa* sería, según algunos estudios de biología molecular, cercana a la *Chamorchis alpina*, aunque desde un punto de vista morfológico son extremadamente diferentes.

Posibles confusiones

Solo un examen muy superficial podría hacer creer que la *Traunsteinera globosa* es un ajo o una escabiosa. Tampoco se puede confundir con la *Anacamptis pyramidalis* (pág. 16), que presenta, especialmente, una inflorescencia a menudo más alargada, formada por flores de un color rosa más vivo, con sépalos y pétalos sin prolongaciones y un labelo sin puntuaciones.

Ecología y biología

Forma parte de la corte de las orquídeas exclusivamente montañosas. Crece con preferencia sobre sustratos alcalinos, en situaciones a menudo muy soleadas y a altitudes generalmente superiores a los 1.000 m.

GLOSARIO

Ácido: designa un medio pobre en cationes (pH < 7), especialmente en iones de calcio. Las turberas musgosas son ácidas.

Alcalino: designa un medio rico en cationes (pH > 7), principalmente en iones de calcio. Los suelos calcáreos son alcalinos.

Alógamo: califica una planta cuya fecundación se efectúa con el polen de otra planta de la misma especie.

Antera: parte terminal del estambre que contiene el polen.

Apéndice: en el caso de las *Ophrys*, pequeña pieza con espina, amarillenta o rojiza, situada en la parte superior del labelo (ver el dibujo en la pág. 102).

Autogamia: fecundación de una flor con el polen que sale de esta misma flor.

Bífido: designa un órgano partido en dos partes finas en su extremo, como la lengua de una serpiente.

Bráctea: órgano foliáceo que forma parte de la inflorescencia y rodea la base de la flor o de su pedúnculo (ver el dibujo en la pág. 120).

Calcícola: califica las plantas que crecen exclusivamente o preferentemente en suelos ricos en calcio.

Cálcico: que contiene calcio o caliza.

Callosidad: entre las *Serapias*, hace referencia a una pequeña bolsa de forma específica oculta en la base del labelo.

Campo basal: entre las *Ophrys* designa la parte basal del labelo, a veces acogida de manera diferente y delimitada por la mácula (ver el dibujo en la pág. 102).

Cáscara: agrupamiento de los sépalos y los pétalos en un capucho que cubre los órganos reproductores.

Clinandrios: parte del ginostemo sobre la cual descansan los polinarios e impiden la autofecundación de las especies cuando se encuentra presente (ver el dibujo en la pág. 103).

Coherente: se dice del polinario cuyas granos de polen se mantienen aglomerados en una masa compacta. No se desagregan dentro de la flor, de modo que el polinario puede ser fácilmente transportado por un insecto polinizador a otra flor.

Connivente: designa las piezas florales que se acercan hasta tocarse o incluso recubrirse parcialmente.

Denticulo: pequeño diente que rodea el limbo de una hoja o de una bráctea.

Epiquilo: en algunas orquídeas (*Epipactis, Serapias, Limodorum...*), designa la parte terminal del labelo, diferente de la parte basal (hipoquilo).

Espatulada: designa un órgano alargado recogido en la base y ancho en el extremo.

Espolón: en el caso de las orquídeas, designa una prolongación tubular, que puede contener néctar, situada en la base y detrás del labelo (ver el dibujo en la pág. 102).

Espiga: inflorescencia cuyas flores están directamente unidas al tallo, sin pedúnculo.

Estigma: parte superior del pistilo, destinada a recibir el polen; en el caso de las orquídeas, este órgano es vacío y está situado en la base del ginostemo (ver el dibujo en la pág. 103).

Estolón: tallo aéreo o subterráneo que puede dar lugar a una nueva plántula.

Falciforme: que tiene la forma de una lámina de hoz o de guadaña.

Filogenético: relativo a la filogenia, el estudio de las relaciones de parentesco entre los organismos vivos.

Foliáceo: que tiene la forma o el aspecto de una hoja.

Gibosidad: en el caso de algunas orquídeas, especialmente las *Ophrys*, protuberancia redondeada o aguda situada sobre el labelo (ver el dibujo en la pág. 102).

Glándula rostelar (o rostelo): parte pegajosa unida a los polinarios que permite la fijación y el transporte de estos por los polinizadores (ver el dibujo en la p. 103).

Ginostemo: en el caso de las orquídeas, órgano en forma de columna que une la parte masculina de la flor (el estambre) y el estigma (ver el dibujo en la pág. 103).

Húmico: califica un suelo rico en humus.

Higrófilo: que le gusta la humedad.

Hipoquilo: en el caso de algunas orquídeas (*Epipactis, Serapias, Limodorum...*), designa la parte basal del labelo, diferente a la parte terminal (epiquilo) (ver el dibujo en la pág. 103).

Inflorescencia: estructura que agrupa varias flores.

Intergenérico: designa un individuo híbrido formado a partir de padres que pertenecen a dos géneros distintos.

Labelo: pétalo medio, de forma y colores particulares (ver el dibujo en la pág. 102).

Lanceolado: en forma de punta de lanza, hablando de una hoja.

Lóbulo: parte redondeada y sobresaliente de un órgano.

Mácula: en las orquídeas, ornamentación de color contrastante del labelo, a veces irisada o brillante (ver el dibujo en la pág. 102).

Micoheterótrofo: califica una planta cuya nutrición depende exclusivamente de los hongos simbióticos.

Micorriza: órgano mixto que aparece como resultado de la simbiosis de los filamentos microscópicos de un hongo (micelio) con las raíces de una planta.

Multiplicación vegetativa: entre las plantas, modo de reproducción por rizomas, estolones, bulbos, brotes, etc. Da lugar al nacimiento de clones del pie madre, por oposición a la reproducción sexuada.

Nectarífero: que produce o contiene néctar.

Oblongo: caracteriza un órgano de forma alargada y ovalada.

Ovario: cavidad cerrada que contiene los óvulos. En las orquídeas se trata de un engrosamiento situado debajo de las piezas del perianto (ver el dibujo en la pág. 102).

Pedúnculo: pequeño tallo que lleva una flor y está unida a los raquis de la inflorescencia.

Pétalo: pieza floral que forma la corola. En el caso de las orquídeas, solo dos de los pétalos laterales llevan este nombre, en oposición al labelo (ver los dibujos de las págs. 102 y 103).

Perianto: en el caso de las orquídeas, designa, por convención, los sépalos y los dos pétalos laterales.

Polinio: masa de polen contenida dentro de la antera. Es llevada por un pedicelo (caudícula) cuya base, separada y pegajosa, se fija sobre el insecto polinizador (ver el dibujo de la pág. 103).

Pseudoojos (falsos ojos): entre las *Ophrys*, pequeñas protuberancias globulosas y brillantes situadas a ambos lados del campo basal y que simulan ser ojos (ver el dibujo en la pág. 103).

Reticulado: adornado con una red de líneas entrecruzadas.

Rizoma: tallo subterráneo ramificado que emite raíces.

Roseta: conjunto de hojas extendidas por el suelo alrededor del tallo.

Sépalo: pieza floral que forma el cáliz. En el caso de las orquídeas, los sépalos son tres (ver los dibujos de las págs. 102-103).

Termófilo: que le gusta el calor.

Tubérculo: engrosamiento de la raíz subterránea, que sirve como reserva nutritiva.

PARA SABER MÁS

Libros
Aragonès, Hilari, *et al.* (2024). *Orquídies de les Muntanyes de Prades*. Cossetània.

Blanch, Jaume, *et al.* (2015). *Orquídies de les serres de Montsant i de la Mussara*. Editorial Piolet.

Bournérias, Marcel; Prat, Daniel (dir.) (2005). *Les orchidées de France, Belgique et Luxembourg*, 2.ª edición. Colección Parthénope. Biotope.

Delforge, Pierre (2007). *Guide des orchidées de France, de Suisse et du Benelux*. Delachaux et Niestlé.

Dusak, François; Lebas, Pierre; Pernot, Pascal (2009). *Guide des orchidées de France*. Colección L'Indispensable Guide Des... Fous de Nature! Belin.

Dusak, François; Prat, Daniel (coord.) (2010). *Atlas des orchidées de France*. Colección Parthénope. Biotope.

Llobet, Toni; Sàez, Llorenç (2021). *Orquídies de Catalunya*. Oryx/Cossetània.

Nuet i Badia, Josep (2011). *Atles d'orquídies de Catalunya*. Publicacions de l'Abadia de Montserrat.

Sanz, Hilari; Nuet, Josep (1995). *Guia de camp de les orquídies de Catalunya*. Editorial Montblanc-Martín.

Souche, Rémy (2004). *Les orchidées sauvages de France*. Colección Grandeur Nature. Les Créations du Pélican / Vilo.

Souche, Rémy (2009). *Orchidées de Genova à Barcelona*. Sococor.

Asociaciones
Grup Orquidològic de Catalunya (GOC), con sede en la Institució Catalana d'Història Natural. goc@ophrys.cat

Sitios en Internet
• http://ophrys.cat/
Información referente a las orquídeas presentes en Cataluña.
• http://biodiver.bio.ub.es/biocat/index.jsp
Banco de datos de biodiversidad de Cataluña.

ÍNDICE DE NOMBRES COMUNES

ÍNDICE DE NOMBRES CIENTÍFICOS

ORQUÍDEAS SILVESTRES
CUADERNO DE CAMPO

CÓMO RECONOCER
UNA **ORQUÍDEA**

Para distinguir una orquídea de las demás plantas con flores de nuestras regiones, es necesario comenzar por observar sus hojas. Las de las orquídeas son simples (es decir, no están formadas por varios folíolos), presentan nerviaciones paralelas y su base abraza o envuelve el tallo. Están dispuestas en roseta sobre la superficie del suelo o de manera alterna a lo largo del tallo. Solo algunas especies raras, como el nido de pájaro (*Neottia nidus-avis*, pág. 56), parecen carecer de hojas, ya que estas, poco visibles, se reducen a escamas o a una especie de manchas que rodean el tallo.

Una vez verificados estos criterios, conviene fijarse en la inflorescencia y las flores. Las flores pueden formar un racimo (cada una unida al tallo por un pedúnculo) o una espiga (cada una unida directamente al tallo mediante el ovario). En algunas especies, son muy escasas e incluso solitarias (ver el capítulo "Cómo observar e identificar las orquídeas silvestres – La inflorescencia", en la pág. 101).

Sea cual sea la especie, una flor de orquídea se caracteriza por un ovario inferior —es decir, situado debajo de las demás piezas florales—, tres sépalos, tres pétalos y la presencia de un ginostemo o columna, que resulta de la fusión de la parte masculina (estambre) y la parte femenina (estigma). Presentan simetría axial (como la salvia), y no radial (como los claveles). Además, su pétalo medio, llamado *labelo*, se diferencia de los pétalos laterales por su forma y, a menudo, también por sus colores, que pueden darle un aspecto extravagante. Este labelo se orienta hacia arriba en el botón floral, pero cuando se abre, el ovario generalmente experimenta un fenómeno de torsión llamado resupinación, que provoca una rotación de 180° de toda la flor y hace que el labelo apunte hacia el suelo. En nuestras regiones, solo las nigritelas y la orquídea fantasma (*Epipogium aphyllum*) contradicen esta regla, presentando flores con el labelo orientado hacia arriba.

Todas estas particularidades permiten reconocer perfectamente una orquídea, ya que ninguna otra planta de nuestra flora presenta todos estos caracteres a la vez. Algunas especies de la familia de las lamiáceas (salvias, mentas, ortigas, etc.) pueden parecerse superficialmente a una orquídea, pero sus flores carecen de ginostemo y presentan un ovario superior (situado por encima de los pétalos y los sépalos).

HELEBORINA DE LOS PANTANOS
(*Epipactis palustris*, pág. 38)

flores que forman
un racimo
nervios paralelos
hojas
alternas

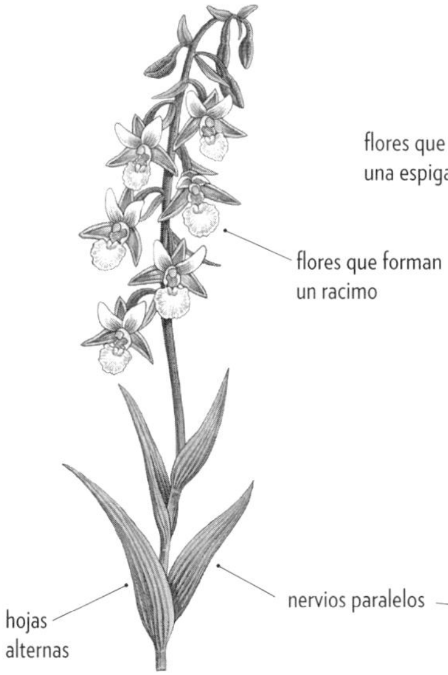

FLOR DEL HOMBRE AHORCADO
(*Aceras anthropophora*, pág. 72)

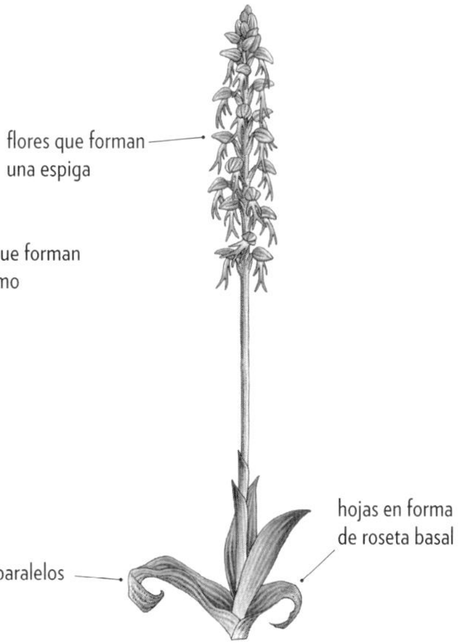

flores que forman
una espiga
hojas en forma
de roseta basal
nervios paralelos

ovario
bráctea
sépalos
pétalos
laterales
labelo
(pétalo central)
orientado hacia abajo

FLOR DE LA HELEBORINA DE LOS PANTANOS
(*Epipactis palustris*, pág. 38)

labelo
(pétalo central)
orientado hacia
arriba
pétalos laterales
sépalos

FLOR DE LA *EPIPOGIUM APHYLLUM*
(*Epipogium aphyllum*, pág. 40)

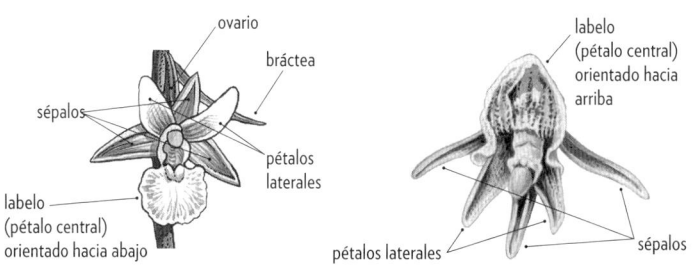

CÓMO OBSERVAR E IDENTIFICAR
LAS **ORQUÍDEAS SILVESTRES**

Las especies de orquídeas que podemos encontrar en nuestras excursiones, evidentemente, no son las mismas según la zona geográfica que recorramos. Aunque algunas están ampliamente distribuidas de sur a norte y desde las llanuras hasta la montaña, otras tienen un área de distribución más reducida e incluso muy limitada. Tampoco son las mismas dependiendo de si nos encontramos en un prado o en un bosque, en una zona húmeda o en un pastizal seco. También hay que tener en cuenta la naturaleza fisicoquímica del suelo. Algunas orquídeas crecen bien en suelos ácidos o silíceos, identificables por la presencia de ciertas plantas bien conocidas, como el castaño, el brezo, las aulagas o los helechos. Otras, la mayoría, solo crecen sobre rocas carbonatadas, como la caliza, que albergan especies como el roble quejigo, el sanguino, la mercurial o la zamarrilla de los muros (*Teucrium chamaedrys*), por ejemplo. Por último, aunque la mayoría de las orquídeas florecen en primavera, hay cientos de especies muy tempranas que aparecen desde el invierno, y otras tardías que no comienzan a florecer hasta el verano o incluso a principios de otoño. Una vez que hayamos recopilado y considerado todos estos datos, para afinar la identificación, podemos centrarnos con más detalle en cada parte de la planta.

LAS HOJAS

Las hojas de las orquídeas generalmente están unidas directamente al tallo, sin pecíolo, excepto en el caso de la *Goodyera repens* (pág. 42). Entre las especies de nuestras regiones, las hojas, órganos esenciales para la fotosíntesis, desaparecen en verano, poco después de la floración (excepto, nuevamente, en el caso de la *Goodyera repens*), y no comienzan a reaparecer hasta el otoño siguiente. En algunos géneros, como las *Ophrys*, cuyas representantes tienen hojas más o menos similares, su estudio no es esencial para la identificación específica. Sin embargo, en otros casos, como las *Epipactis* y las *Dactylorhiza*, las hojas juegan un papel clave en la identificación. Por lo tanto, debemos observar su forma: ¿son ovaladas, cordiformes (en forma de corazón), lanceoladas o lineares? ¿El borde es recto, ondulado, liso o papiloso? ¿El extremo es puntiagudo o romo? Su número, tamaño y disposición en el tallo también nos darán pistas útiles: ¿están agrupadas en la parte inferior del tallo o distribuidas regularmente a lo largo de toda su longitud? También es importante prestar atención a los matices del color verde, que puede ser más o menos amarillento, azulado o rojizo según la especie. Además, la cara superior de las hojas o ambas pueden estar cubiertas de puntos y manchas marrones o violáceas, que a veces forman anillos, especialmente en las *Orchis* y las *Dactylorhiza*.

EL TALLO

Las orquídeas pueden tener tallos simples, sin ramificaciones, erectos, que sostienen tanto las hojas como la inflorescencia. En algunos grupos complejos, como las *Dactylorhiza*, las *Epipactis* e incluso las *Serapias*, el examen del tallo no debe pasarse por alto. Así, según la especie, el tallo puede ser grueso y recto o delgado y flexible. Puede estar lleno o ser hueco y comprimible con los dedos, criterios que deben verificarse con precaución para no dañar la planta. Generalmente es verde y sin pelos, pero en algunos casos puede estar cubierto por una pelusa más o menos densa de vellosidades blanquecinas, adquirir una coloración rojiza e incluso adornarse con manchas o pequeñas líneas en forma de guiones.

LA INFLORESCENCIA

Algunas especies son muy poco floríferas, como es el caso del zapatito de dama (*Cypripedium calceolus*, pág. 24), que habitualmente solo produce una única flor (muy grande) en cada tallo, mientras que otras despliegan una inflorescencia compuesta por decenas e incluso cientos de flores, como ocurre en algunos ejemplares de *Orchis purpurea* (pág. 78) o *Gymnadenia conopsea* (pág. 44). La disposición estrecha o amplia de estas flores es un criterio a tener en cuenta para distinguir especialmente entre *Orchis*, *Dactylorhiza* y *Epipactis*. La inflorescencia también está compuesta por brácteas, órganos que parecen pequeñas hojas más o menos coloreadas y que acompañan a las flores. Según la especie y el género, pueden ser pequeñas y difíciles de ver, como en el caso de las *Orchis*, o bien alcanzar dimensiones considerables y llegar a ser más grandes que las flores, como ocurre en muchas *Dactylorhiza* y *Epipactis*. Entre las especies europeas —excepto en el caso de la *Orchis simia* (pág. 80)—, las flores situadas en la parte baja de la inflorescencia son las primeras en abrirse.

LA FLOR

Los sépalos pueden ser completamente verdes o estar vivamente coloreados, unidos o marcados por nervaduras y manchas. Es importante tener en cuenta su forma, así como su disposición: alineados horizontalmente, erguidos en posición vertical o plegados y unidos en forma de capucha (el casco). Los pétalos laterales pueden parecerse a los sépalos, como ocurre en muchas *Epipactis*. También pueden diferir en color y forma, como en el caso de las *Ophrys*, en las que la forma, longitud y pilosidad pueden constituir elementos distintivos claros. El pétalo central, o labelo, generalmente tiene una apariencia muy particular. En posición superior en la *Epipogium aphyllum* (p. 40) y en las nigritelas, se encuentra en posición inferior en todas las demás especies de nuestra flora (ver "Cómo reconocer una orquídea", pág. 98). La belleza de las orquídeas y buena parte de sus atributos radica precisamente en su labelo; por ello, debemos prestarle especial atención.

MORFOLOGÍAS FLORALES

FLOR DE LA *ANACAMPTIS LAXIFLORA*
(*Anacamptis laxiflora*, p. 12)

FLOR DE LA FLOR DE LA ARAÑA
(*Ophrys scolopax*, p. 70)

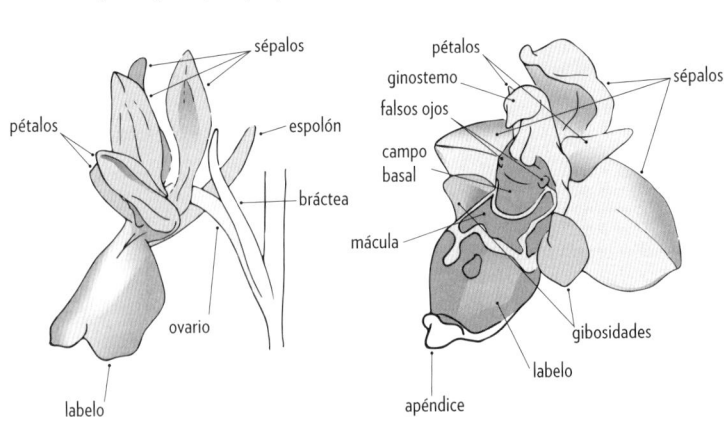

sépalos
pétalos
espolón
bráctea
ovario
labelo

pétalos
ginostemo
falsos ojos
campo basal
mácula
sépalos
gibosidades
labelo
apéndice

En el caso de las *Orchis*, es necesario verificar la presencia o ausencia de espolón, así como su grosor, longitud e inclinación, ya sea ascendente, horizontal o descendente. A menudo convexo, e incluso con forma de bolsa (zapatito de dama), el labelo puede ser entero o estar dividido en varios lóbulos, que a veces pueden subdividirse en pequeños lóbulos secundarios. Generalmente muy colorido, puede estar cubierto de manchas, puntos, papilas y pelos, dispuestos en un número y un orden específicos. Los géneros *Epipactis*, *Serapias*, *Cephalanthera* y *Limodorum* se caracterizan por tener flores con un labelo dividido en dos partes diferenciadas: el hipoquilo y el epiquilo. En el caso de las *Ophrys*, el labelo presenta una fisonomía y unos ornamentos característicos que deben observarse con atención: mácula, apéndice, gibosidades, campo basal y falsos ojos. Entre las *Epipactis*, el estudio de las partes fértiles —la antera, el clinandro, la glándula rostelar y el estigma— puede ser determinante para diferenciar especies muy similares entre sí.

FLOR DE HELEBORINA DE HOJAS ANCHAS
(*Epipactis helleborine*, p. 36)

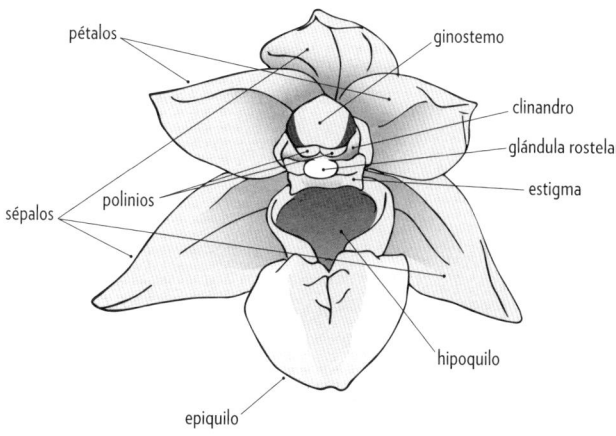

CÓMO FOTOGRAFIAR
LAS **PLANTAS**

¿PARA QUÉ FOTOGRAFIAR LAS PLANTAS?

Tomar fotografías de las plantas resulta realmente interesante. Más allá del placer de poder conservar recuerdos de los encuentros con la flora, la fotografía permite crear un herbario de bajo coste sin necesidad de alterar el mundo vegetal. Además, puede sustituir un eventual croquis con vistas a una futura identificación con la ayuda de una guía detallada o de un experto o experta.

¿QUÉ MATERIAL UTILIZAR?

Si aún no estáis equipados, podéis elegir, según vuestro presupuesto y vuestras aspiraciones, una cámara réflex, una bridge o una compacta; todas os permitirán tomar fotos de flores. Sin embargo, aseguraos de que vuestra cámara cuente con un objetivo o una función macro, ya que esto os permitirá hacer fotografías a muy corta distancia. Por el contrario, un teleobjetivo o una función de zoom os permitirá captar todo el sujeto desde lejos, lo que puede ser muy útil si, por ejemplo, no podéis acceder directamente a la planta porque se encuentra en la cima de un acantilado con mucha pendiente.

Además, sea cual sea el tipo de equipo que tengáis en mente, aseguraos de que tenga una buena resolución (10 millones de píxeles son suficientes). Contar con una función manual para ajustar los parámetros de la fotografía es un plus muy útil, así como una pantalla orientable.

ALGUNOS CONSEJOS

Excepto si estáis buscando imágenes artísticas, evitad siempre que podáis fotografiar la planta a contraluz. Intentad tener, si es posible, el sol a vuestra espalda o ligeramente de lado. Evitad también las luces duras del mediodía y dad preferencia a las más suaves de las primeras horas tras la salida del sol, así como al final del día.

Por otro lado, prestad atención al ángulo de vuestras perspectivas. Las plantas tienen tamaños muy variados, así que no dudéis en agacharos o incluso tumbaros para captar la planta en su conjunto, especialmente en las tomas generales destinadas a documentarlas. Dicho esto, gracias a la tecnología digital y dado que la planta no se moverá, tenéis total libertad para hacer tantas fotos como queráis.

¿QUÉ IMÁGENES TOMAR DE UNA PLANTA?

Solo con prestar un poco de atención al hacer una fotografía, prácticamente todas pueden resultar útiles, ya sea desde un punto de vista estético o documental.

Siempre será recomendable hacer fotos de la planta en su conjunto, así como de su entorno inmediato. No olvidéis tomar al menos una fotografía en la que la planta aparezca junto a un objeto de referencia para estimar su tamaño (una moneda, la tapa del objetivo, una regleta...).

Además, al igual que en la observación, todas las partes de la planta son interesantes para fotografiar: vista de cerca de la inflorescencia, detalles de las flores, hojas, tallos... todo lo que vuestro equipo os permita captar. Intentad variar escalas y ángulos para recopilar la mayor cantidad de información posible sobre la especie, de manera que más tarde podáis compararla con las descripciones de una guía. No olvidéis anotar no solo lo que fotografiáis, sino también lo que habéis podido observar sin capturar en imágenes, así como el lugar donde realizasteis la fotografía.

ELEGIR Y CLASIFICAR

Si la tecnología digital nos ofrece la innegable comodidad de poder hacer prácticamente un número ilimitado de fotografías, esta misma comodidad puede convertirse rápidamente en un inconveniente cuando queráis encontrar una imagen entre miles, o incluso más. Por ello, la disciplina es esencial y comienza con una selección rigurosa durante vuestras sesiones de fotografía. No tiene sentido guardar imágenes inutilizables, ni conservar múltiples tomas casi idénticas. Guardad solo lo que realmente os sea útil y las mejores capturas.

No olvidéis etiquetar vuestras imágenes, algo que se puede hacer fácilmente con un programa de edición, el cual también os permitirá corregir algunas imágenes con problemas de exposición. Una vez hecha la selección, organizad las fotos de manera que podáis encontrarlas fácilmente. Al principio, unas carpetas bien etiquetadas pueden ser suficientes, pero, cuando el número de imágenes aumenta significativamente, solo una base de datos os garantizará una búsqueda cómoda. Sería una pena no aprovechar esta opción cuando existen herramientas gratuitas disponibles.

FOTOGRAFIAR
LAS **ORQUÍDEAS SILVESTRES**

Hay pocos amantes de las orquídeas silvestres que, tarde o temprano, no cedan a la tentación de fotografiar sus plantas favoritas. Las orquídeas despliegan tal profusión de formas y colores y ejercen un poder de fascinación tan grande que es difícil resistirse a la idea de capturar una imagen de cada una. En el caso de algunas especies, especialmente las *Ophrys*, cada flor parece sensiblemente distinta a sus vecinas, casi se podría decir que tienen una identidad propia… y, en ese caso, desearíamos conservar el recuerdo de todas las que nuestros ojos pueden ver.

Seguramente no es solo un interés estético o emocional. Conservar testimonios fotográficos de las plantas observadas sobre el terreno también puede ser importante desde el punto de vista de su identificación. Con este propósito, consulta las páginas 100 a 103 para conocer las distintas partes que conviene priorizar al tomar fotografías: hojas, tallos, brácteas, detalles del labelo, etc.

Desde un punto de vista técnico, las reglas, consejos y funcionalidades que se aplican a la fotografía de plantas en general también son válidas para la fotografía de orquídeas. Para sacar el máximo partido a especies de pequeño tamaño y colores poco contrastados, como la *Neottia ovata* (pág. 58), la *Pseudoorchis albida* (pág. 84) y la *Spiranthes spiralis* (pág. 88), notaréis la comodidad de contar con un aparato de autoenfoque preciso o, mejor aún, la posibilidad de ajustar los parámetros en modo manual. Los sensores de algunos dispositivos actuales permiten alcanzar sensibilidades ISO elevadas sin perder calidad en la imagen, lo que resulta especialmente útil para fotografiar especies que crecen en entornos de poca luz, como la *Epigogium aphyllum* (pág. 40) o la *Goodyera repens* (pág. 42). En este contexto, el uso de un pequeño reflector plegable, un accesorio práctico y fácil de transportar, suele ser una excelente opción.

Por último, no olvidemos que las orquídeas silvestres florecen en medio de una comunidad de vegetales y animales que merecen igual interés y respeto. Al fotografiar una orquídea en su hábitat natural, hagamos todo lo posible por no cortar, arrancar ni pisar a los demás seres vivos que la rodean.

CALENDARIO DE OBSERVACIÓN
DE LAS **ORQUÍDEAS SILVESTRES**

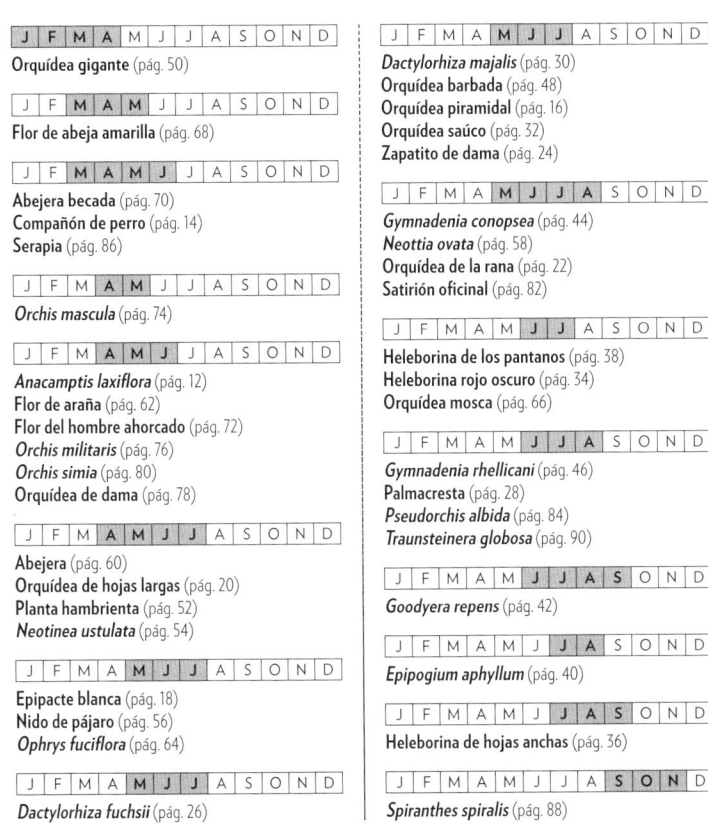

J **F** **M** **A** M J J A S O N D
Orquídea gigante (pág. 50)

J F **M** **A** **M** J J A S O N D
Flor de abeja amarilla (pág. 68)

J F **M** **A** **M** **J** J A S O N D
Abejera becada (pág. 70)
Compañón de perro (pág. 14)
Serapia (pág. 86)

J F M **A** **M** J J A S O N D
Orchis mascula (pág. 74)

J F M **A** **M** **J** J A S O N D
Anacamptis laxiflora (pág. 12)
Flor de araña (pág. 62)
Flor del hombre ahorcado (pág. 72)
Orchis militaris (pág. 76)
Orchis simia (pág. 80)
Orquídea de dama (pág. 78)

J F M **A** **M** **J** **J** A S O N D
Abejera (pág. 60)
Orquídea de hojas largas (pág. 20)
Planta hambrienta (pág. 52)
Neotinea ustulata (pág. 54)

J F M A **M** **J** **J** A S O N D
Epipacte blanca (pág. 18)
Nido de pájaro (pág. 56)
Ophrys fuciflora (pág. 64)

J F M A **M** **J** **J** A S O N D
Dactylorhiza fuchsii (pág. 26)

J F M A M **J** **J** **J** A S O N D
Dactylorhiza majalis (pág. 30)
Orquídea barbada (pág. 48)
Orquídea piramidal (pág. 16)
Orquídea saúco (pág. 32)
Zapatito de dama (pág. 24)

J F M A **M** **J** **J** **J** A S O N D
Gymnadenia conopsea (pág. 44)
Neottia ovata (pág. 58)
Orquídea de la rana (pág. 22)
Satirión oficinal (pág. 82)

J F M A M **J** **J** A S O N D
Heleborina de los pantanos (pág. 38)
Heleborina rojo oscuro (pág. 34)
Orquídea mosca (pág. 66)

J F M A M **J** **J** **A** S O N D
Gymnadenia rhellicani (pág. 46)
Palmacresta (pág. 28)
Pseudorchis albida (pág. 84)
Traunsteinera globosa (pág. 90)

J F M A M **J** **J** **A** **S** O N D
Goodyera repens (pág. 42)

J F M A M J **J** **A** S O N D
Epipogium aphyllum (pág. 40)

J F M A M J **J** **A** **S** O N D
Heleborina de hojas anchas (pág. 36)

J F M A M J J A **S** **O** **N** D
Spiranthes spiralis (pág. 88)

CUADERNO DE OBSERVACIÓN
DE LAS **ORQUÍDEAS SILVESTRES**

Abejera (pág. 60)

Fecha	Lugar	Comentario

Abejera becada (pág. 70)

Fecha	Lugar	Comentario

Anacamptis laxiflora (pág. 12)

Fecha	Lugar	Comentario

Compañón de perro (pág. 14)

Fecha	Lugar	Comentario

Dactylorhiza fuchsii (pág. 26)

Fecha	Lugar	Comentario

Dactylorhiza majalis (pág. 30)

Fecha	Lugar	Comentario

Epipacte blanca (pág. 18)

Fecha	Lugar	Comentario

Epipogium aphyllum (pág. 40)

Fecha	Lugar	Comentario

CUADERNO DE OBSERVACIÓN DE LAS **ORQUÍDEAS SILVESTRES**

Flor de abeja amarilla (pág. 68)

Fecha	Lugar	Comentario

Flor de araña (pág. 62)

Fecha	Lugar	Comentario

Flor del hombre ahorcado (pág. 72)

Fecha	Lugar	Comentario

Goodyera repens (pág. 42)

Fecha	Lugar	Comentario

CUADERNO DE OBSERVACIÓN DE LAS **ORQUÍDEAS SILVESTRES**

Gymnadenia conopsea (pág. 44)

Fecha	Lugar	Comentario

Gymnadenia rhellicani (pág. 46)

Fecha	Lugar	Comentario

Heleborina de hojas anchas (pág. 36)

Fecha	Lugar	Comentario

Heleborina de los pantanos (pág. 38)

Fecha	Lugar	Comentario

Heleborina rojo oscuro (pág. 34)

Fecha	Lugar	Comentario

Neotinea ustulata (pág. 54)

Fecha	Lugar	Comentario

Neottia ovata (pág. 58)

Fecha	Lugar	Comentario

Nido de pájaro (pág. 56)

Fecha	Lugar	Comentario

CUADERNO DE OBSERVACIÓN DE LAS **ORQUÍDEAS SILVESTRES**

Ophrys fuciflora (pág. 64)

Fecha	Lugar	Comentario

Orchis mascula (pág. 74)

Fecha	Lugar	Comentario

Orchis militaris (pág. 76)

Fecha	Lugar	Comentario

Orchis simia (pág. 80)

Fecha	Lugar	Comentario

Orquídea barbada (pág. 48)

Fecha	Lugar	Comentario

Orquídea de dama (pág. 78)

Fecha	Lugar	Comentario

Orquídea de hojas largas (pág. 20)

Fecha	Lugar	Comentario

Orquídea de la rana (pág. 22)

Fecha	Lugar	Comentario

CUADERNO DE OBSERVACIÓN DE LAS **ORQUÍDEAS SILVESTRES**

Orquídea gigante (pág. 50)

Fecha	Lugar	Comentario

Orquídea mosca (pág. 66)

Fecha	Lugar	Comentario

Orquídea piramidal (pág. 16)

Fecha	Lugar	Comentario

Orquídea saúco (pág. 32)

Fecha	Lugar	Comentario

CUADERNO DE OBSERVACIÓN DE LAS **ORQUÍDEAS SILVESTRES**

Palmacresta (p. 28)

Fecha	Lugar	Comentario

Planta hambrienta (pág. 52)

Fecha	Lugar	Comentario

Pseudorchis albida (pág. 84)

Fecha	Lugar	Comentario

Satirión oficinal (pág. 82)

Fecha	Lugar	Comentario

CUADERNO DE OBSERVACIÓN DE LAS **ORQUÍDEAS SILVESTRES**

Serapia (pág. 86)

Fecha	Lugar	Comentario

Spiranthes spiralis (pág. 88)

Fecha	Lugar	Comentario

Traunsteinera globosa (pág. 90)

Fecha	Lugar	Comentario

Zapatito de dama (pág. 24)

Fecha	Lugar	Comentario